JN102170

西村圭一／加固希支男／志田倫明 編著

算数教材研究

四則計算

東洋館出版社

はじめに

　いまや，スマートフォンに語りかければ計算結果を言ってくれる時代，式をカメラで写せば答えを表示してくれる時代です。手計算により早く正確に答えを求められるスキルの相対的な価値は低くなり，「数と計算」領域の学習では，今まで以上に，計算技能の習熟にとどまることなく，数学的に考える資質・能力の育成を図ることが重要になっています。

　教科書に則って，立式の根拠を問うたり，児童にとって初出の計算の仕方を考えたりする授業を展開しているから大丈夫と考えられる先生もいるかもしれません。しかし，実際の授業を見ると，「まとめ」が，本時の鍵となった見方・考え方よりも得られた結果に光を当てていることが少なからずあります。「適用問題」もその内容次第では，「今日の授業で大事なことはこの計算ができるようになることだよ」という誤ったメッセージになっていることがあるかもしれません。そのような授業が繰り返された結果，計算の意味と方法を考えることに積極的に関わっているのは一部の児童だけで，残りは計算の方法を覚えて答えを求められるようになればいいと思っているという，残念な状況に陥りかねません。

　では，計算の意味と方法を考えることに積極的に関わっているのはどのような児童なのでしょうか。算数が得意な児童，算数が好きな児童で片付けずに，その内実に目を向けてみましょう。初出の計算の方法を，何もない状態から考え出しているわけではありません。そのような児童は，それ以前の学習において身に付けた式の見方や計算の方法の考え方に基づいて，新たな計算の方法を考え出そうとしています。同じような見方や考え方が利用できることやそれらがアップデートされていくことが分かるので，一層，楽しさ，面白さが感得できるのでしょう。

　このようなことができるのが一部の児童だけでは，学びの質の「二極化」が進んでしまいます。これを防ぐには，教師が学年を縦断して，内容としての系統だけではなく，鍵となる見方や考え方のつながりについて理解し，各学年で何を大切にするかを判断する必要があります。

　本書を通じて，計算の意味や方法を考察することに楽しさを感じ，数学的に考える資質・能力を一層伸ばす児童が増えることを願っています。

著者一同

目　次

第1章　論説

第2章　実践事例

第 1 章

論 説

育みたい見方や考え方

1 小学校で数学的に考える資質・能力を身に付けた子供の姿

　小学校を卒業するとき，「数と計算」領域に関して，どのような資質・能力を身に付けていてほしいか。その具体的なイメージをもつために，ここでは中学校に入学してすぐ学ぶ「正負の数」の計算の学習において，どのように取り組むことができるのが理想的かを考えてみたい。

1.1　正負の数の加法・減法

　まず，負の数の存在や大小関係について学習した後の生徒が，$(-2)+3$ をどのように考えていくかを予想してみよう。

考え方①

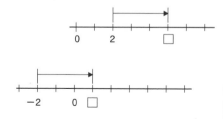

> $2+3$ は，「2 より 3 だけ大きい数を求める計算」を表しているので，数直線を使って，図のように答えを求めることができます。
> $(-2)+3$ は，「-2 より 3 だけ大きい数を求める計算」を表していると考えて，$2+3$ の計算と同じように数直線を使って考えると，答えは 1 になりそうです。

考え方②

$$2 + 3 = 5$$
$$1 + 3 = 4$$
$$0 + 3 = 3$$
$$(-1) + 3 = \boxed{}$$
$$(-2) + 3 = \boxed{}$$

> たされる数を 1 小さくすると，答えも 1 小さくなるというきまりがあったので，負の数になってもそのきまりが成り立つと考えると，答えは 1 になりそうです。

考え方③

$$(-2) + 3 = (-2) + (2 + 1)$$
$$= (-2 + 2) + 1$$
$$= 1$$

> $-2+2$ は 0 になると考えて，3 を 2 と 1 に分けて計算すると，答えは 1 になります。

減法についても同様に，（＋5）－（－3）を例に考えてみよう。

考え方❶

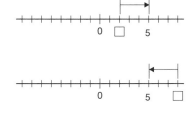

5－3は，□＋3＝5の□に当てはまる数を求める計算だったので，（＋5）－（－3）は，□＋（－3）＝5の□に当てはまる数を求める計算と考えると，答えは8になりそうです。

考え方❷

（＋5）－（＋3）＝2
（＋5）－（＋2）＝3
（＋5）－（＋1）＝4
（＋5）－　0　＝5
────────────
（＋5）－（－1）＝ □
（＋5）－（－2）＝ □
（＋5）－（－3）＝ □

ひく数を1小さくすると，答えは1大きくなるというきまりがあったので，負の数になってもそのきまりが成り立つと考えると，答えは8になりそうです。

考え方❸

（＋5）－（－3）
＝（＋5＋3）－（－3＋3）
＝8－0
＝8

ひき算では，ひかれる数とひく数に同じ数を加えても答えは変わらないというきまりがあったので，負の数になってもそのきまりが成り立つと考えると，答えは8になりそうです。

　算数の学習において育まれる数や式に対する見方や計算の方法に関する考え方が活かされることが分かるだろう。

　さらに，正負の数の乗法・除法においても，それらが活かされることを確認しておこう。

1.2　正負の数の乗法・除法

　乗法について，2×（－3）を例に考えてみよう。

考え方①

（－3）×2なら（－3）＋（－3）と考えられるけど，2×（－3）だとたし算に直すことができません。
そこで，2×（－3）を「2の（－3）倍」と考えて，数直線に表すと答えは－6になりそうです。

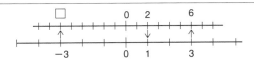

考え方②

$$2 \times \quad 2 \quad = 4$$
$$2 \times \quad 1 \quad = 2$$
$$2 \times \quad 0 \quad = 0$$
$$2 \times (-1) = \boxed{}$$
$$2 \times (-2) = \boxed{}$$
$$2 \times (-3) = \boxed{}$$

2の段では，かける数を1小さくすると，答えは2だけ小さくなるというきまりがあったので，負の数になってもそのきまりが成り立つと考えると，答えは-6になりそうです。

考え方③

正の数では，かける数とかけられる数を入れ替えても答えは変わらないというきまりがあったので，負の数になってもそのきまりが成り立つと考えると，2×(-3)は(-3)×2と等しいので(-3)+(-3)と考えて，答えは-6になりそうです。

除法については，それを学習する時点では，通常，負の数の乗法が既知なので，

$$6 \div (-2)$$
$$= \{ 6 \times (-\frac{1}{2}) \} \div \{ (-2) \times (-\frac{1}{2}) \}$$
$$= (-3) \div 1$$
$$= -3$$

と考えて，逆数をかければよいことを見いだすことができる。

このように算数で，計算の意味と方法を考えることができるようになっている子供には，既知の計算の意味，計算の仕方やきまりを拡張し，「もし同じように考えられるなら，答えがこうなるはずだ」という仮説を立て，他の方法でも答えが一致することを確かめていくことが期待できる。

さらに，負の数を知ったことにより何ができるようになったかを振り返ると，算数では計算のできない場合があった減法についても常に計算ができるようになったことに気付くだろう。

理想的には，「今まで成り立っていたきまりが成り立つようにしたい」という拡張の考え方に基づいて振り返り，結合法則，分配法則，交換法則は成り立つのかについても確認したくなる子供がいてほしい。例えば，3＋2＝2＋3であるのに対して，3－2と2－3は等しくならない。しかし，3－2は3＋(－2)と考えれば，常に交換法則が成り立つことになる。乗法・除法についても同様で，乗法では交換法則は成り立つのに対して，除法では成り立たないが，例えば$3 \div 2$を$3 \times \frac{1}{2}$と考えれば，常に交換法則が成り立つことになる。減法を加法に，除法を乗法に統合するという考えにつなげることができる。

（数学で，整数，有理数，実数といった数の世界を考察の対象とする際には，このように減法を加法に，除法を乗法に統合して考究している→コラム）

2 算数科における計算のきまり

学習指導要領解説では，「A　数と計算」領域のねらいを次の３つに整理している。

・整数，小数及び分数の概念を形成し，その性質について理解するとともに，数についての感覚を豊かにし，それらの数の計算の意味について理解し，計算に習熟すること

・数の表し方の仕組みや数量の関係に着目し，計算の仕方を既習の内容を基に考えたり，統合的・発展的に考えたりすることや，数量の関係を言葉，数，式，図などを用いて簡潔に，明瞭に，又は，一般的に表現したり，それらの表現を関連付けて意味を捉えたり，式の意味を読み取ったりすること

・数や式を用いた数理的な処理のよさに気付き，数や計算を生活や学習に活用しようとする態度を身に付けること

　さらに，この領域で働かせる数学的な見方・考え方に着目して内容を整理し，次の４つにまとめ，これらの観点から各学年の内容を表に整理している。

① 数の概念について理解し，その表し方や数の性質について考察すること

② 計算の意味と方法について考察すること

③ 式に表したり式に表されている関係を考察したりすること

④ 数とその計算を日常生活に生かすこと

数学的な見方・考え方	・数の表し方の仕組み，数量の関係や問題場面の数量の関係などに着目して捉え，根拠を基に筋道を立てて考えたり，統合的・発展的に考えたりすること			
	数の概念について理解し，その表し方や数の性質について考察すること	計算の意味と方法について考察すること	式に表したり式に表されている関係を考察したりすること	数とその計算を日常生活に生かすこと
第１学年	・２位数，簡単な３位数の比べ方や数え方	・加法及び減法の意味 ・１位数や簡単な２位数の加法及び減法	・加法及び減法の場面の式表現・式読み	・数の活用 ・加法，減法の活用
第２学年	・４位数，１万の比べ方や数え方 ・数の相対的な大きさ ・簡単な分数	・乗法の意味 ・２位数や簡単な３位数の加法及び減法 ・乗法九九，簡単な２位数の乗法 ・加法の交換法則，結合法則 ・乗法の交換法則など ・加法及び減法の結果の見積り ・計算の工夫や確かめ	・乗法の場面の式表現・式読み ・加法と減法の相互関係 ・（　）や□を用いた式	・大きな数の活用 ・乗法の活用
第３学年	・万の単位，１億などの比べ方や表し方 ・大きな数の相対的な大きさ ・小数（$\frac{1}{10}$の位）や簡単な分数の大きさの比較可能性・計算可能性	・除法の意味 ・３位数や４位数の加法及び減法 ・２位数や３位数の乗法 ・１位数などの除法 ・除法と乗法や減法との関係 ・小数（$\frac{1}{10}$の位）の加法及び減法 ・簡単な分数の加法及び減法 ・交換法則，結合法則，分配法則 ・加法，減法及び乗法の結果の	・除法の場面の式表現・式読み ・図及び式による表現・関連付け ・□を用いた式	・大きな数，小数，分数の活用 ・除法の活用

		見積り ・計算の工夫や確かめ ・そろばんによる計算		
第4学年	・億,兆の単位などの比べ方や表し方(統合的) ・目的に合った数の処理 ・小数の相対的な大きさ ・分数(真分数,仮分数,帯分数)とその大きさの相等	・小数を用いた倍の意味 ・2位数などによる除法 ・小数($\frac{1}{100}$の位など)の加法及び減法 ・小数の乗法及び除法(小数×整数,小数÷整数) ・同分母分数の加法及び減法 ・交換法則,結合法則,分配法則 ・除法に関して成り立つ性質 ・四則計算の結果の見積り ・計算の工夫や確かめ ・そろばんによる計算	・四則混合の式や( )を用いた式表現・式読み ・公式についての考え ・□,△などを用いた式表現など(簡潔・一般的)	・大きな数の活用 ・目的に合った数の処理の仕方の活用 ・小数や分数の計算の活用
第5学年	・観点を決めることによる整数の類別や数の構成 ・数の相対的な大きさの考察 ・分数の相等及び大小関係 ・分数と整数,小数の関係 ・除法の結果の分数による表現	・乗法及び除法の意味の拡張(小数) ・小数の乗法及び除法(小数×小数,小数÷小数) ・異分母分数の加法及び減法	・数量の関係を表す式(簡潔・一般的)	・整数の類別などの活用 ・小数の計算の活用
第6学年		・乗法及び除法の適用範囲の拡張(分数) ・分数の乗法及び除法(多面的) ・分数・小数の混合計算(統合的)	・文字a,xなどを用いた式表現・式読みなど(簡潔・一般的)	

　このような表を見て各学年で扱う内容は把握しても,例えば,1で見たような計算のきまりやそれに関わる原理,見方や考え方にはどのようなものがあり,どの学年で,どのように育まれていくかと問われると答えに窮してしまう先生が少なくないだろう。

　ここでは,学年を縦断し,「数の表し方の仕組みや数量の関係に着目し,計算の仕方を既習の内容を基に考えたり,統合的・発展的に考えたりする」際の見方や考え方を整理することにする。

2.1　たし算・ひき算の原理

　たし算・ひき算は同種同単位のもの同士で計算する。

例　12＋25は十の位同士,一の位同士で計算する

　　$\frac{1}{3}+\frac{1}{6}$ は $\frac{1}{6}$ に単位を揃えて $\frac{2}{6}+\frac{1}{6}$ とする

2.2　数の分解と合成

　数を目的に応じて分解する。このときの「目的」は簡単に計算することであり,簡単にするためには数をどう分解しどう合成するかを見通せる必要がある。

例1　10のまとまりをつくるために分解する

$$9 + 4 = 10 + 3 = 13$$

　　　　1　3

例2　位ごとに分解する

$$28 + 34 = (20 + 8) + (30 + 4)$$
$$= (8 + 4) + 20 + 30$$
$$= 12 + 20 + 30$$
$$= 2 + 10 + 20 + 30$$
$$= 2 + 60$$
$$= 62$$

a, b, c は正の整数のとき,
　$a + b = b + a$（加法の可換律）
　$a + (b + c) = (a + b) + c$（加法の
　結合律）
これらを繰り返し用いています。

例3　整数部分と分数部分に分解する

$$3\frac{4}{5} - 1\frac{2}{5} = (3 - 1) + \left(\frac{4}{5} - \frac{2}{5}\right) = 2\frac{2}{5}$$

$3\ \frac{4}{5}$　$1\ \frac{2}{5}$

　　例1，例2の考え方の基盤には，十進位取り記数法の仕組みの理解がある。

2.3　たし算のきまり

　　たし算では，被加数，加数の増減と和の増減についてのきまりが成り立つ。

❶被加数または加数が□だけ大きく（小さく）なると，和も□だけ大きく（小さく）なる。

　例　$4 + 5 = 9$
　　　$5 + 5 = 10$
　　　$6 + 5 = 11$
　　　$7 + 5 = 12$

　例　$14 + 8$
　　　$14 + 10 = 24$だから，$14 + 8 = 24 - 2 = 22$

❷被加数が□だけ大きく（小さく）なっても，加数が□だけ小さく（大きく）なれば和は一定である。

　例　$2 + 6$

このきまりを使えば，交換法則が成り立つことが説明できます。

　　　$3 + 5$
　　　$4 + 4$
　　　$5 + 3$

　例　$68 + 17$
　　$= 70 + 15$
　　$= 85$

2.4　ひき算のきまり

ひき算では，被減数，減数の増減と差の増減についてのきまりが成り立つ。

❶被減数が□だけ大きく（小さく）なると，差も□だけ大きく（小さく）なる。

例　$9 - 5 = 4$

　　$10 - 5 = 5$

　　$11 - 5 = 6$

　　$12 - 5 = 7$

❷被減数と減数がともに□だけ小さく（大きく）なれば差は一定である。

例　$12 - 4 = 8$

　　$11 - 3 = 8$

　　$10 - 2 = 8$

例　$2\frac{1}{5} - 1\frac{3}{5} = (2\frac{1}{5} + \frac{2}{5}) - (1\frac{3}{5} + \frac{2}{5}) = 2\frac{3}{5} - 2 = \frac{3}{5}$

2.5　かけ算のきまり

かけ算では，次の分配法則が成り立つ。

$$a \times (b + c) = ab + ac, \quad (b + c) \times a = ba + ca$$

例　$25 \times 12 = 25 \times (10 + 2) = 250 + 50 = 300$

この例から分かるように分配法則は筆算でも用いられている。また，分配法則により「乗数を1大きくすると，積は被乗数分だけ大きくなる」というきまりも説明することができる。

例　$5 \times 8 \quad = 40$

　　$5 \times 9 \quad = 45 \qquad 5 \times 9 = 5 \times (8 + 1) = 40 + 5$

また，次の結合法則が成り立つ。

$$(a \times b) \times c = a \times (b \times c)$$

例　$25 \times 12 = 25 \times (4 \times 3) = (25 \times 4) \times 3 = 100 \times 3 = 300$

他に，次のような「積を一定に保つ」きまりがある。

$$a \times b = (a \times c) \times (b \div c), \quad a \times b = (a \div c) \times (b \times c)$$

例　$25 \times 12 = (25 \times 4) \times (12 \div 4) = 100 \times 3 = 300$

　　$80 \times 2.3 = (80 \div 10) \times (2.3 \times 10) = 8 \times 23 = 184$

また，「乗数または被乗数がn倍になると，積もn倍になる」というきまりもある。

例　「1mのねだんが80円のリボンを，2.3m買いました。代金はいくらですか。」

　　という問題で，80×2.3を考える際に用いられる。

考え方①

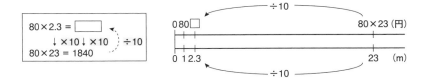

考え方②

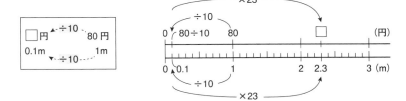

2.6 わり算のきまり

わり算では，次の「商を一定に保つ」きまりが成り立つ。

$$a \div b = (a \times c) \div (b \times c), \quad a \div b = (a \div c) \div (b \div c)$$

例　$96 \div 40 = (96 \div 4) \div (40 \div 4) = 24 \div 10 = 2.4$

$1.28 \div 0.4 = (1.28 \times 100) \div (0.4 \times 100) = 128 \div 40 = 3.2$

後者の例からは，$1.28 \div 0.4$ の筆算でもこのきまりが用いられていることが分かる。

分数÷分数の計算も，このきまりを用いて考えることができる。

例　$\frac{2}{5} \div \frac{3}{4} = \left(\frac{2}{5} \times 4 \right) \div \left(\frac{3}{4} \times 4 \right) = \left(\frac{2}{5} \times 4 \right) \div 3 = \frac{8}{15}$

$\frac{2}{5} \div \frac{3}{4} = \left(\frac{2}{5} \times 20 \right) \div \left(\frac{3}{4} \times 20 \right) = 8 \div 15 = \frac{8}{15}$

$\frac{2}{5} \div \frac{3}{4} = \left(\frac{2}{5} \times \frac{4}{3} \right) \div \left(\frac{3}{4} \times \frac{4}{3} \right) = \left(\frac{2}{5} \times \frac{4}{3} \right) \div 1 = \frac{8}{15}$

2.7 逆算のきまり

たし算とひき算，かけ算とわり算の相互関係に基づく，次のようなきまりがある。

$a + b = c$ ならば $a = c - b$，$a = c - b$ ならば $a + b = c$

$a \times b = c$ ならば $a = c \div b$，$a = c \div b$ ならば $a \times b = c$

いわゆる，「逆算」のきまりである。たし算とひき算，かけ算とわり算の相互関係を表している。

例　$\frac{2}{5} \div \frac{3}{4}$

$\square = \frac{2}{5} \div \frac{3}{4}$ とすると，$\square \times \frac{3}{4} = \frac{2}{5}$

このとき，$\boxed{\frac{2}{5} \times \frac{4}{3}} \times \frac{3}{4} = \frac{2}{5}$ なので，

$\square = \frac{2}{5} \times \frac{4}{3}$

3 中・長期的なビジョンをもって授業をする

2に挙げた数の分解や合成，種々のきまりは従来も扱われている。例えば，12×0.8の筆算は，12×8を計算して96を得るが，これは0.8を10倍したものなので，96÷10をして9.6とするが，これは上述のかけ算のきまりを用いていることになる。計算の意味や方法を考える上で，整数に直したり，単位を揃えたりする際に用いているのである。

本書で主張したいことは，こういった原理にもとづいたりきまりを活用したりして考えているということにもっと光を当てたいということである。そうすることで，今より多くの子供が，既習に帰着させながら，計算の意味や方法を自ら考えることができるようになると考える。

次章では，学年ごとに，計算の意味と方法について考察することに光を当てる授業例を提案する。それは大きく分けると，
・計算の意味と方法について考察する際の基盤となる見方や考え方を育む授業
・計算のきまりを見いだす授業
・計算のきまりを利用する授業
である。

本書の趣旨からは，1年生でこのような授業を受けていれば2年生の授業はこうなる，1，2年生でこのような授業を受けていれば3年生の授業はこうなる，……というような授業例を示すのが本来の姿である。しかし，現実的には，そのような一貫性をもたせることが可能な学校がまだ多くはないとも言えよう。そこで，どの学年の授業についても，それ以前の学年での学習指導にあまり依存しないように記述している。可能な限り，他の学年の提案も見ていただき，この見方がここにも出てくる，この考え方がここで活きてくるといったことに気付いていただくことを期待している。

また，学校全体としての取組にするために，学習指導上の工夫として，「計算のきまり帳」のようなものをつくり，登場した見方・考え方やきまりを，都度，書き足していけるようにすることも考えられる。子供が必要に応じて参照できるように学年を縦断して利用し，記入したきまりの下には，使うたびにどのように使ったかも記入させていってもよいかもしれない（検算の方法として，「別の考え方で確かめる」ことを大切にし，その中できまり等を活用させていくことも考えられる）。教師が，担当学年で登場した見方・考え方やきまりをカードに書き留めていき，校内で共有し，整理してみることも有効である。

算数の学びと数の世界

　ひき算を学習した小学生に「3－5はいくつ」と尋ねてみると，「ひけない！」などの答えが返ってきます。まだ負の数を知りませんので，小学生には答えのない計算問題になります。そこで，小学校でひき算をするときは，大きな数から小さな数をひくという約束の下で計算をしています。これは，自然数のひき算の答えが自然数になるとは限らないことを意味していますが，このことを自然数の集合 $N=\{1,\ 2,\ 3,\ \cdots\}$ は『ひき算で閉じていない』といいます。一方，中学生になると負の数を学習しますので，$3-5=-2$ と答えるようになります。そして，負の数のひき算も学習しますので，整数の集合 $Z=\{\cdots,\ -2,\ -1,\ 0,\ 1,\ 2,\ \cdots\}$ の中で自由にひき算ができるようになります。これは，整数のひき算の答えが整数になることを意味していますが，このことを Z は『ひき算で閉じている』といいます。また，Z はたし算でも閉じています。ところで，ひき算はたし算の逆演算と見ることができますが，Z のように，ある演算とその逆演算で閉じている数などの集合を『群』とよびます（厳密な定義は後ほど）。Z はたし算とその逆演算で閉じているので，Z はたし算に関する群であると言えます。また，高校で学習する数の集合に，有理数の集合 Q や実数の集合 R，複素数の集合 C がありますが，それらもたし算に関する群となっています。また，最後に定義を紹介しますが，Z のようにたし算，ひき算，かけ算で閉じている数などの集合を『環』ともよび，Q や R，C のように四則演算で閉じている数などの集合を『体』ともよびます。

　今度は，分数や余りのあるわり算を学習する前の小学生に「2÷3はいくつ」と尋ねてみます。すると，「われない」などの答えが返ってきます。これは，N がわり算では閉じていないことを意味しています。しかし，分数を学習すると，わり算の答えを分数で表すことができるようになります。そして，分数のわり算を学習し，正の有理数の集合の中で自由にわり算ができるようになります。すると，正の有理数の集合はかけ算とその逆演算であるわり算で閉じていることが分かります。つまり，正の有理数の集合はかけ算に関する群となっています。

　自然数の集合 N はたし算とかけ算で閉じていますが，上で見たように，それらの逆演算では閉じていません。しかし，負の数を数の仲間に加えることでひき算が自由にできるようになり，分数を数の仲間に加えることでわり算が自由にできるようになります。すると，中学校で学習する等式の変形が自由にできるようになり，一次方程式を解くことができるようになります。例えば，たし算に関する方程式 $x+a=b$ は両辺から a をひくことで解くことができ，かけ算に関する方程式 $a\times x=b$ は両辺を a

でわることで解くことができます。このように，ある演算とその逆演算が自由にできるようになると，ある演算に関する一次方程式を解くことができますので，群は一次方程式を解くための集合と見ることもできます。

演算

　整数の集合や正の有理数の集合は，身近にある群の典型例なのですが，式に関する群もあります。例えば，$X = \{ax + b \mid a \text{ と } b \text{ は整数}\}$ とおくと，X は整数を係数とする一次式の集合です。集合 X は式のたし算とひき算で閉じていますので，たし算に関する群になっています。一方，群が生まれたきっかけの集合は数や式に関する集合ではありません。数や式ではないものにたし算もしくはかけ算のような演算があり，その逆演算も自由にできるというのです。すると，『数や式でないものの演算』とは何かが気になりますが，数学では次のような素朴な定義を採用しています。数の四則演算は二つの数から一つの数を作り出す作業ですが，同様に，集合 Y に対しても，Y の二つの元（要素）から Y の一つの元を作り出す作業を『演算』とよぶことにします。数や式でないものの例として，あみだくじを考えてみましょう。縦線の数が n 本のあみだくじを全て集めた集合を Y とします。そして，Y の元 a と b に対し，a の下に b をつなげたあみだくじを $a \cdot b$ と表すことにします。すると $a \cdot b$ も Y の元ですので，a と b から $a \cdot b$ を作り出す作業が演算となります。例えば，├─┴┘ というあみだくじ a と ├─┐ というあみだくじ b の演算 $a \cdot b$ は次のように計算できます。

ここで，結果が同じあみだくじは同じあみだくじと考えることにします。つまり，上の計算結果は，│ │├─│ と同じです。ただし，たし算やかけ算と違って，一般に $a \cdot b \neq b \cdot a$ となっていますので注意が必要です（実際に上の例で計算してみましょう）。

『群』

　次に数や式ではない集合の逆演算がどのようなものかを考えてみます。中学校で学習するように，ひき算 $b - a$ はたし算を使って，$b + (-a)$ と表すことができます。また，数のわり算 $b \div a$ はかけ算を使って $b \times a^{-1}$ と表すことができます。このように，数のたし算やかけ算の逆演算はもとの演算を使って表すことができます。そこで，数とは限らない集合での逆演算も同様の方法で考えてみたいのですが，この方法でうまく逆演算を与えることができる集合が群となります。では，下に群の定義を紹介します。

<u>定義</u>　　集合 G の任意の元 a と b に対して，G の元 $a \cdot b$ が与えられているとする（つまり，演算が与えられているとする）。これらが次の三つの条件を満たすとき，G を群とよぶ。

(1) G の任意の元 a，b，c に対し，$(a \cdot b) \cdot c = a \cdot (b \cdot c)$

(2) G のある元 e が存在して，G の任意の元 a に対して，$a \cdot e = a = e \cdot a$

(3) G の任意の元 a に対して，G のある元 b が存在して，$a \cdot b = e = b \cdot a$

これら三つの条件を順に確認し，逆演算を与えたいと思います。(1)の条件は**結合法則**とよばれています。これはたし算やかけ算がもつ重要な性質です。小学校で，たし算だけの計算やかけ算だけの計算のときに，括弧を付けずに好きなところから計算をしてもよいことを学習しますが，その理由となる性質です。また，方程式を解く上でも重要な役割を果たします。(2)の e は**単位元**とよばれています。G が数のたし算に関する群のときには $e = 0$ で，かけ算に関する群のときには $e = 1$ となります。あみだくじの演算のように，一般の演算では，$a \cdot b \neq b \cdot a$ なので，$a \cdot e = a$ と $e \cdot a = a$ の二つの条件で定義をしています。(3)の b は a の**逆元**とよばれています。G が数のたし算に関する群のときは，$b = -a$ で，かけ算に関する群のときは，$b = a^{-1}$ です。この逆元を使うことで，ひき算 $c - a$ を $c + b$ と表し，わり算 $c \div a$ を $c \times b$ と表すことができました。すると，同様にして，G における c と a の逆演算を $c \cdot b$ と表すことが自然な流れなのですが，一般に，$c \cdot b \neq b \cdot c$ なので，厳密には，右からの逆演算 $c \cdot b$，左からの逆演算 $b \cdot c$ と二通りの逆演算で計算をすることになります。

次に，群の定義を使って，一次方程式 $a \cdot x = c$ を解いてみたいと思います。a と c は G の元で，x は未知の元です。便宜上，$a \cdot b$ を数のかけ算のように，『a かける b』と読むことにします。a の逆元を b とします。まずは，方程式の両辺に左から b をかける（つまり，左からの逆演算をする）と，$b \cdot (a \cdot x) = b \cdot c$ を得ます。次に，(1)の結合法則より，$(b \cdot a) \cdot x = b \cdot c$ を得ます。(3)の条件より，$e \cdot x = b \cdot c$ を得ます。最後に(2)の条件より，$x = b \cdot c$ となり，方程式を解くことができました。ちなみに，一次方程式 $x \cdot a = c$ は右からの逆演算で解くことができて，$x = c \cdot b$ となります。このように，群の定義の三つの条件を全て使って，一次方程式を解くことができました。数に関する方程式を解くときに，三つの条件を意識して解くことはありませんが，方程式を解く上で重要な役割を果たしていることを確認できたかと思います。

あみだくじも『群』？

ここで，あみだくじに関する群を紹介したいと思います。縦線の数が n 本のあみだくじを全て集めた集合を Y とします。あみだくじをつなげる演算を紹介したときに，見た目が異なっていても，結果が同じになるあみだくじを同じものとみなすことにしました（異なるものを同じものとみなすことに抵抗があるかもしれませんが，12時を0時とみなすことと同様の発想です）。実は，こうすることで，あみだくじの集合 Y が群になります。群であることの証明はしませんが，単位元 e は横線がない n 本の縦線で，あみだくじ a の逆元は a を鏡に映して上下さかさまにしたあみだくじ

になっています。例えば，├─┤└─┘ というあみだくじ a を上下さかさまにすると，└─┘├─┤ というあみだくじ b になります。つまり，a の逆元は b となります。実際に，a の下に b をつなげたあみだくじと b の下に a をつなげたあみだくじの結果が e と同じ結果になっていますので試してみてください。この群は **n 次対称群**とよばれているものに対応していますが，ここでは，**あみだくじの群**とよぶことにします。

　ところで，このようなあみだくじの群はどこから生まれてきたのでしょうか。全く想像が付きませんが，方程式の解の公式との関係から生まれてきました。2次方程式 $ax^2+bx+c=0$ の解の公式を思い出すと，その解は係数 a，b，c の四則演算と平方根を使って表されています。実は，3次方程式や4次方程式の解も係数の四則演算と m 乗根を使って表すことができます（m 乗根を使うときは，平方根や3乗根など，異なるものをいくつ使ってもかまいません）。ところが，5次以上の方程式の多くは，その解を係数の四則演算と m 乗根を使って表すことができません。このような方程式の解の様子を調べるときに，次のような数の集合

$$\mathbb{Q}(\sqrt{5})=\{a+b\sqrt{5}\,|\,a \text{ と } b \text{ は有理数}\}$$

を考えます。これは中学校で5の平方根を学習し，計算を始める頃の数の集合です。中学生はこれらの四則演算を学習し，さらには，分母の有理化も学習します。すると，$\mathbb{Q}(\sqrt{5})$ が四則演算で閉じていることを確認できるようになります（ただし，0でわらないと約束しておきます）。このように四則演算で閉じている数（もしくは，式など）の集合を『**体**』とよびます。体の厳密な定義は後ほど紹介します。

　解の公式を使って $x^2+3x+1=0$ の解を求めると，その解が $\mathbb{Q}(\sqrt{5})$ に含まれていることが分かりますが，解の公式を知らない人が，何らかの方法で，解が $\mathbb{Q}(\sqrt{5})$ に含まれていることを知ったとします。すると，有理数 a と b を使って，方程式の解が $a+b\sqrt{5}$ と表されることが分かります。このように，方程式の解がどのように表されるかを調べるときに，解がどのような体に含まれているかを調べる手法があります。しかし，$\mathbb{C}$ に含まれる体は無数にありますので，方程式の解がどの体に含まれるかを闇雲に調べてもよい体は見つかりません。そこで，体の性質をあみだくじの群に翻訳して調べる方法があります（**ガロア理論**とよばれています）。ところで，あみだくじの演算はとても分かりやすく，様々な計算法則が知られており，あみだくじの群の様子がよく分かっています。そして，その情報から体の様子が分かり，最後には方程式の解の様子が分かる仕組みになっています。このように，群と体には興味深い関係があり，多くの人たちが群や体を研究するようになりました。

『環』・『体』

　さて次に，環の例を紹介します。$\mathbb{Z}$ は四則演算では閉じていませんので，体ではありませんが，たし算とひき算，かけ算で閉じています。このような数（もしくは，式など）の集合を『**環**』とよびます。環の厳密な定義は後ほど紹介しますが，例えば，実数係数の一変数多項式の集合 $\mathbb{R}[x]=\{a_nx^n+\cdots+a_1x+a_0\,|\,n$ は0以上の整数，a_n，$\cdots$，a_0 は実数$\}$ は環となっています。環は四則演算の中で，わり算ができないだけの集合なのですが，数学の様々なところで姿を現すため，興味深い研究が続けられ

ています。

　では，最後に環と体の定義を紹介したいと思います。群の定義と同様に，数の演算がもっている基本性質だけを抜き出し，それらを満たす集合に対して，数と同様の計算ができるように定義されています。下の定義の中で，演算として，$a*b$ と $a \cdot b$ が与えられていますが，前者を数のたし算，後者を数のかけ算と思って読んでください。また，そのとき，定義に使われている記号 o は数字の 0 で，e は数字の 1 となります。

　<u>定義</u>　集合 R の任意の元 a と b に対し，R の元 $a*b$ と $a \cdot b$ が与えられているとする。これらが次の条件(1)〜(7)を満たすとき，R を環とよび，条件(1)〜(8)を満たすとき，R を体とよぶ。

(1) R の任意の元 a, b, c に対し，$(a*b)*c = a*(b*c)$

(2) R のある元 o が存在して，R の任意の元 a に対して，$a*o = a = o*a$

(3) R の任意の元 a に対して，R のある元 b が存在して，$a*b = o = b*a$

(4) R の任意の元 a, b に対して，$a*b = b*a$

(5) R の任意の元 a, b, c に対し，$(a \cdot b) \cdot c = a \cdot (b \cdot c)$

(6) R のある元 e が存在して，R の任意の元 a に対して，$a \cdot e = a = e \cdot a$

(7) R の任意の元 a, b, c に対して，

$\quad a \cdot (b*c) = (a \cdot b)*(a \cdot c)$ かつ $(a*b) \cdot c = (a \cdot c)*(b \cdot c)$

(8) R の任意の元 $a \neq o$ に対して，R のある元 b が存在して，$a \cdot b = e = b \cdot a$

　条件の多さに圧倒されますが，体の定義をひもとくと，与えられた二つの演算に対して，それぞれの逆演算を考えることができ，(7)の**分配法則**を使って二つの演算に関する計算が自然に行える集合であることが読み取れます。ところで，分配法則は方程式を解くときや計算の工夫をするときに必要な性質であるため，定義の条件に含まれていますが，数の計算でよく使う $a \times 0 = 0$ や $(-1) \times (-1) = 1$ に対応する条件が見当たりません。計算をする上で，これらの性質は重要ではないと言っているのでしょうか。もちろん，そのようなことはなく，とても重要な性質なのですが，これらは定義に与えられている『より基本的な性質』を使って証明することができる性質なのです。このように，数に関する基本的事項だけを抜き出し，その仕組みを調べることで「本当に重要なこと（本質）」を考えることが，数学という学問の目的の一つであり，面白さでもあります。

第 2 章

実践事例

1

第1学年
繰り上がりのあるたし算

どうして10を
つくりたくなったのかな？

1　繰り上がりのあるたし算の位置づけ

　1年「繰り上がりのあるたし算」は，10をつくるよさを感じるよう指導することが大切である。10より大きい数になっても，10をつくると，10といくつに分けることができる。10といくつに分けることが，位ごとに計算することの素地，つまり単位ごとに計算する考え方につながるのである。

　繰り上がりのあるたし算までの素地となる学習を挙げる。

- ・数の合成分解：10までの数をいくつといくつに分ける
- ・合併・増加：たし算の意味，繰り上がりのない1位数同士のたし算
- ・20までの数：10といくつで数えられること，12＋3などの計算
- ・3口の計算：8＋2＋4など，10をつくりやすい数値を設定した計算

　これらの学習をもとに，繰り上がりのあるたし算を，主に加数分解，被加数分解という計算の仕方で考える。加数分解とは，9＋4や8＋3など加数（たす数）を分解して10をつくる。被加数分解とは，3＋9や4＋7など被加数（たされる数）を分解して10をつくる。

［加数分解］　　　　　　　　　　　　　　　［被加数分解］

　8＋6など，どちらも分解したくなる数値の場合は，8を5と3，6を5と1に分けて5と5で10をつくる計算の仕方もある。

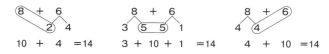

　これらの計算の仕方に優位性はない。数値によって柔軟に使い分けたり，個人の計算のしやすさで選べたりできればよい。共通していることは，数を分解して10のまとまりをつくること，10をつくれば10といくつで計算が簡単になるよさがあることである。本時で扱う被加数8以外の数値の問題においても10をつくると簡単に計算できることを確かめて，一般的な考え方へと高めていく。

2　この授業における工夫

「どうして10をつくろうとしているのか」に目を向けさせる

　本時は繰り上がりのあるたし算の第1時である。10をつくりたい思いを引き出すこと，10をつくれば計算が簡単になることに目を向けさせるために次の問題を提示する。

　きしおさんは，どんぐりを8こひろいました。

　ひでみさんは，どんぐりを□こひろいポケットに入れていました。

　2人のどんぐりは，あわせていくつあるでしょうか。

　合併場面の問題ではあるが，□やポケットに入っているため，増加場面のようにも見える。そのため，数値としても，場面としても加数を分解するアイデアが出やすいだろう。加法演算の場面であることを押さえ，8＋□という場面を確認する。そして，「□の中にどんな数を入れたら，簡単に計算できそうですか？」と子供とやり取りをしながら授業を進めていきたい。また，このとき，算数ブロックも掲示したい。10のケースを使うことで，10の補数が見えやすくなる。

きしおさん
10個のケースに8個のブロック

ひでみさん
□個

　0から2までの数値は先に出るだろう。8＋0＝8，8＋1＝9という計算については，「これまで何度も計算してきたたし算だね」と既習事項との関連を意識づける。8＋2＝10も「8と2で10になる」ということを引き出したい。ここまでくると，□を3にしてもできるという声が上がるだろう。加数が1個ずつ増えているという関係をつかみやすくなる。8＋3を計算するときに，8＋2の計算を利用して10＋1と考えると，被加数を見て10をつくるというアイデアがより顕在化されるだろう。数値を変えていっても，簡単という声が出てくる。「どうして簡単なの？」と問い返すと，8に2をあげればいつも10になるという10をつくる考えが共通していることに気付いていく。この時間は数値を変えて同じ見方ができることを押さえたい。

　「どうして10をつくりたくなったのかな？　どこが簡単なの？」とよさを掘り下げていく。10といくつの計算は簡単だというよさに気付くことが，単位を揃えて計算することの素地となる。

　第2時は被加数分解。第3時はどちらの分解もできる数値を扱い，共通点として，10をつくると10といくつで計算が簡単になるというよさを押さえたい。

3　本時の学習指導

1）ねらい

　繰り上がりのあるたし算の計算の仕方として，10のまとまりをつくることで，10といくつの計算になるよさに気付き，数を分解して考えることができる。

２）展開

【繰り上がりが生じることをつかむ場面】

Ｔ：次の問題はどんな式になるかな？

> きしおさんは，どんぐりを８こひろいました。
> ひでみさんは，どんぐりを□こひろいポケットに入れていました。
> ２人のどんぐりは，あわせていくつあるでしょうか。

Ｃ：たし算です。だって，あわせていくつって書いてあります。

Ｃ：８＋□になります（□に不慣れな場合は，白いカードを貼り数字を後から書く）。

Ｔ：そうですね。８＋□です。□にどんな数が入ったら簡単に計算できますか？
　　数をノートに書いてみましょう。

Ｃ：（０と１，２が多くいる）

Ｃ：０は，８＋０＝８です。

Ｃ：ひでみさんがどんぐりを１個持っていたら，８＋１＝９です。

Ｃ：簡単だよ。

Ｃ：８＋１は，ブロックを１個増やせばできます。

Ｃ：▱▱▱▱▱▱▱▱ ⟵ ▱

Ｃ：８＋１＝９

Ｔ：これまで何度も計算してきたたし算ですね。

Ｃ：２個のときも簡単です。

Ｃ：８＋２＝10

Ｃ：▱▱▱▱▱▱▱▱ ⟵ ▱▱

Ｃ：８と２は10だから，ケースにぴったりです。

Ｃ：３個のときも簡単だよ。

Ｔ：３個のときも簡単と聞こえたけど，答えが10より大きくなりそうですね。10より
　　大きくなるとき，どうやって計算するのかな？

【繰り上がりのあるたし算を考える場面】

Ｔ：ひでみさんは，ポケットに３個入っていましたよ。

Ｃ：式は，８＋３です。答えは11です。

Ｔ：どんぐりが合わせて11かどうか，ブロックで確かめてみましょう。

　　：▱▱▱▱▱▱▱▱　　▱▱▱

Ｔ：１，２，３，４，５，６，７，８，９，10，11。
　　本当だね。１つずつ数えたら11になったね。

Ｃ：１ずつ数えなくても分かるよ。９，10，11，だよ。

Ｃ：もっと簡単に分かります。２個動かすと10ができたから，10と１で11です。

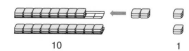

　　　　10　　　　　　　　　　　1

T：1つずつ数えなくても，10をつくると10と1とすぐに分かるね。

T：このように式で表せます。3個のときは簡単だったね。

10 ＋ 1 ＝11

C：他の数でも簡単にできるよ。

【10をつくっている共通点を確認する場面】

T：数を変えても，同じようにできるか確かめてみましょう（9＋4と7＋5）。

C：9＋4は　　　　　　　　　C：7＋5は

10 ＋ 3 ＝13　　　　　　　10 ＋ 2 ＝12

T：今日は，10をつくった人が多くいたけれど，どうして10をつくりたくなったのかな？

C：10をつくると，10といくつになってすぐに分かる。

C：10は数えなくてもいい。

T：そうですね。10のまとまりといくつ（バラ）に分けると，ブロックで見ても，計算しても簡単に分かりますね。

4 板書計画

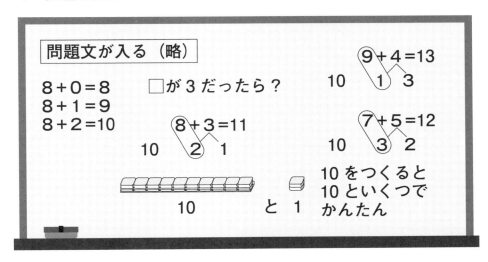

2

第1学年
繰り下がりのあるひき算

どうして早く9をひけたの？

1　繰り下がりのあるひき算の位置づけ

　1年「繰り下がりのあるひき算」では，10をつくるよさを感じられるよう指導することが，繰り上がりのあるたし算と同様に大切である。10をつくると，10－○で計算できる。位ごとに計算することの素地，つまり単位ごとに計算することにつながるのである。

　ここでの主な計算の仕方は，数え引き，減加法，減々法である。数え引きとは，ひく数の分だけ，1ずつブロックを動かす，指を折るなど1ずつ数える方法である。この見方を10をつくると計算しやすいというよさに向けて高めていくのである。減加法とは，被減数（ひかれる数）を分解して10とバラをつくり10－減数（ひく数）に，バラをたす考えである。減数が10に近い数のときは減加法の見方になりやすい。一方，減々法とは，減数を分解して，被減数からバラをひいて10をつくり，10からバラの残りをひく。減数が小さい場合は減々法の見方になりやすい。

　減加法，減々法の共通点は，どちらも10をつくって計算をすることである。10とバラに分けようとしたとき，バラをひいて10をつくったときに，「どうして10をつくって計算しようと思ったのか」を問い返したい。10とバラに分けることで計算がしやすいことに気付いていくだろう。単元の後半では，減加法，減々法のときだけでなく，繰り上がりのあるたし算のときも同様の考え方をしていたというところまで含めて統合していきたい。つまり，10とバラに分ければ，1位数同士の計算，位ごとに計算ができるという見方につながっていくのである。

　これらに加えて，ひき算で大切にしたいのは，10の補数をたすという見方まで高めることである。10の補数をたすという見方ができれば，2年生以降のひき算の筆算でも計算処理が早くなる。はじめからこの見方をするのは困難ではあるが，子供のそうした気付きにも単元を通して触れていけるといい。

　例えば，15－9は，減加法で計算すると，15の10から9をひき，残った1と5をたす。

あまり　　　　　　　　ひく数

⬜⬜⬜⬜⬜⬜ ➡ ⬜⬜⬜⬜⬜⬜⬜⬜⬜
⬜⬜⬜⬜⬜

これに対して，10の補数に着目すると，ひく数の9を残して，残った1をたすという見方もできる。

ひく数　　　　　あまり

⬜⬜⬜⬜⬜⬜⬜⬜⬜ ➡ ⬜
⬜⬜⬜⬜⬜

2　この授業における工夫

「どうして早く分けられたのか」数え引きとの違いに目を向けさせる

本時は繰り下がりのあるひき算の第1時の授業である。

数え引きとの対比を通して，10のまとまりを利用すれば計算が容易になること，さらには補数を利用することに目を向けさせるために，次のような二つの問題を提示する。

プリントが 15 まいあります。

9まいくばります。

のこりはなんまいでしょう。

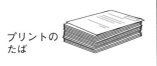

プリントの
たば

10のまとまりがないと，基本的に9枚を数え引くしかできない。教師が1枚ずつ1・2・3……9と数えて演示して，残りは何枚でしょうと問う。ブロックで数え引きの操作を確認して$15 - 9 = 6$と式と答えを確認する。

次に，

きょうかしょが 15 さつあります。

9さつくばります。

のこりはなんさつでしょう。

新しい
教科書の
たば

後期で新しく配られる下巻の教科書は，5や10の束で背表紙の向きが変えてある。何冊か分かりやすいようにまとまりをつくっているのは，日常事象に数学のよさを活かしていることに気付くよい事例である。プリントを配るときと違い，教師が10の束の1冊目のところに指を入れて9冊を取り出し，残りの6冊を一気に示す。先ほどの事例と違い，どうして早く9をひけるのかを考えていく。

3 本時の学習指導

1）ねらい

　繰り下がりのあるひき算の計算において，数え引きと，10のまとまりに着目した計算方法の比較を通して，減加法の計算のよさや補数の見方に気付くことができる。

2）展開

【数え引きとの比較の場面】

Ｔ：2つの場面を考えます。まずプリントの束があります。

　（以下，問題提示略）

Ｔ：ブロックでも説明できるかな？（15個のブロックを並べる）

Ｃ：□□□□□□　　　　　　　　→□□□□□□□□□

　　　　残りが6　　　　　　　（9・8・7・6・5・4・3・2・1と数え引き）

Ｔ：残りのプリントは6枚でよさそうですね。では，2つ目は…。

Ｔ：2つ目は新しい教科書の束がありました。何冊あるかな…。1・2・3……。

Ｃ：先生，10の束になってるよ。だから……。

Ｃ：10と5で15冊だね。

Ｔ：10といくつになってるから，数がすぐに分かったね。新しい教科書は10のまとまりで積んであったよ。さて，ここから…。

新しい教科書が 15 さつありました。
ここから，9さつくばります。
のこりはなんさつでしょう。

あたらしい
きょうかしょ の
たば

Ｃ：今度も15−9です。

Ｔ：そうですね。じゃあ，ここから9冊を取ると……（プリントを配るときと違い，教師が10の束の1冊目のところに指を入れて9冊を取り出し，残りの6冊を一気に示す）。

Ｃ：さっきと違って早い！

Ｃ：どうして早く分けられたんだろう？（どうして早く9をひけたの？）

【10のまとまりに着目する場面】

Ｔ：教科書も15冊ありましたね。15−9をブロックで説明できるかな？

Ｃ：紙の束と違い，教科書は10のまとまりで分かれていたので，色を変えました。

　　　■■■■■■■■■■
　　　□□□□□

Ｔ：10のまとまりとバラに分けたんだね。10のまとまりをつくるといいことがあるかな？

Ｃ：10のまとまりから9を取って。それで，あまりの1を15の残りの5とたして6に

します。

T：どこから9を取っていたか，隣の友達と確認してみましょう。

C：10から9をひいて，5をたしました。

C：15を10と5に分けてるから，10−9の計算（9をひく計算）がしやすいと思いました。

T：10とバラに分けると，10−いくつの計算になるから簡単にできますね。

【補数をたすことに気付く場面】

T：先生は9を取らずに，10のまとまりから1取って5を合わせて6にしました。

C：どうして9をひかないの？

C：10から1をひいて9になるから，さっきひいた1を5に合わせて6になる。9を取らなくてもいい。

C：9を取っていくと時間がかかる。でも，この1個だけを動かすと9になって，数えやすいし分かりやすい。

C：1個取るのは1個配っているように見える。配った数は9って書いてあるのに，こっちだと1個配っているように見えると変だな…。

T：15−9の9を10から9個取ってバラをたしていましたね。でも，10から9取って残りの1個を取ってたすと，ブロックを動かすのが早くなりますね。式では，次のように表します。

（以下まとめ略）

4 板書計画

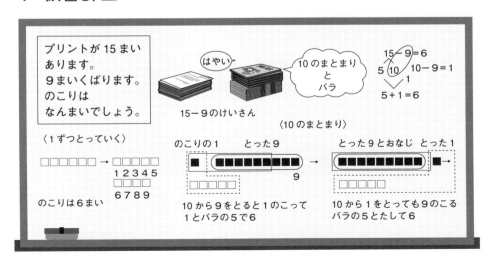

3

第1学年
たし算とひき算

一輪車から子供をひくの？

1　異種の数量を含む加法減法の位置づけ

　1年生で学習する加法・減法には，次のような場面がある。

　　加法：合併，増加，順序数を含む加法，求大，異種の数量を含む加法

　　減法：求残，求差，求補，順序数を含む減法，求小，異種の数量を含む減法

　数量の操作や関係を捉えるとき，具体的な場面について，同じ加法や減法が適用される場面と判断できるようにしていく。

　1年生の前半の加法・減法の学習では，同単位の二つの集合を合わせたり，分けたりしているため，単位を意識して加法や減法を捉える必要はない。1年生の後半で扱う，異種の数量を含む加法・減法において，同単位のもの同士で計算するという加法の原理に立ち返る必要が出てくる。教科書では，

> 7人がボールを1こずつもっています。
>
> ボールはあと4このこっています。
>
> ボールはぜんぶでなんこありますか。（学校図書みんなと学ぶさんすう1下 p53）

　このとき，子供たちは「ぜんぶ」という言葉などをもとに7＋4＝11と立式する。

　ここで，単位を確認し，「7（人）と4（個）を合わせると11（個）になるのか？」や「単位の違うもの同士をたしたり，ひいたりしていいのか？」を子供に疑問をもたせることが大切である。

　図をもとに異種のものの数量を同種のものの数量に置き換える。ここでは，子供の人数をボールの数に置き換えて，7（個）＋4（個）＝11（個）と立式できることを確認する。子供とボールに線を引く，1対1対応させて考えるのは，求差の学習が既習となる。

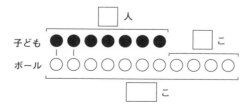

　他にも，同単位のもの同士で計算するという加法の原理は，2年生のかけ算の意味を考えるときに振り返ることができる。

2（個） × 3（皿） = 6個 2（個）＋2（個）＋2（個）＝6（個）

　かけ算が（一つ分の数）×（いくつ分）＝（全体の数）と単位が違うもので全体の数を表すのに対して，答えを求める同数累加の計算は同じ単位のもの同士をたしていることに気付くことができる。

2　この授業における工夫

何から何をひいているのか，単位に目を向けさせる

　本時は，異種の数量を含む減法の場面である。異種の数量を1対1で対応させ，同種の数量に置き換えるのは加法と同様であるが，そこから1対1対応のものを取り除いた残りを考える必要がある。

　そこで，1対1対応させたくなる異種の数量で，対応したものに動きがあり求差を想起できるような問題にする。

一りん車が9台あります。
5人の子どもが一りん車にのると，
一りん車は何台のこりますか。

　図に表すと，下のようになる。

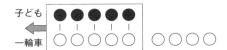

　5人の子供を5台と置き換えることで，9－5＝4という式になる。
　一輪車の台数から子供の人数をひく計算ではなく，一輪車の台数から，子供が乗った一輪車の台数を除くという計算をしている。図やブロックなどを使って，この対応や操作を確認していく。
　子供は「のこり」というキーワードや，一輪車に乗っていってしまったなどの操作のイメージをもって，9－5＝4という立式をするだろう。ここで数の単位を確認すると，9－5＝4は，9（台）－5（人）＝4（台）という反応が出てくる。「9台から5人をひけるのか」「一輪車の台数から子供の人数をひいていいのか」という疑問を引き出し，全体に問い返して，図やブロックで考えさせたい。
　図で表すと，下のようになる。

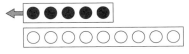

△子供を5人ひいている

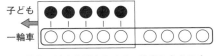

◎子供と一輪車を対応させて一輪車5台をひく

　図やブロックを使って，子供と一輪車を1対1対応させて置き換えていることを確

認していく。一輪車の台数から子供の人数をひき算しているのではなく，一輪車の台数から子供が乗っている一輪車の台数をひき算をしている。つまり，加法と同じように同単位のもの同士で計算するという原理を想起させて，9－5＝4は，9（台）－5（台）＝4（台）であることをまとめたい。

3　本時の学習指導

1）ねらい

　異種の数量を含む減法について，図や式を考えることを通して，同単位のものに置き換えて，計算していることに気付くことができる。

2）展開

【問題場面をつかむ場面】

　一りん車が9台あります。
　5人の子どもが一りん車にのると，
　一りん車は何台のこりますか。

T：どんな式になりますか。
C：9－5＝4です。
C：同じです。
T：9－5の9と5は，何を表しているのかな？
C：9台から5人をひくと，4台です。

T：一輪車の台数から，子供の人数をひくと，一輪車の台数が出るんだね。
C：なんだか変だね。
C：9台から5人は，ひけないと思います。
T：9と5は表している数が違うもんね。

【異種の数量から同種の数量へ置き換える場面】
T：この場面を，ブロックや図で表しましょう。
　　（それぞれ考える時間をとる）

C：一輪車が9台あるので○を9個，子供が5人なので●を5個置きます。

　　子ども　● ● ● ● ●

　　一輪車　○ ○ ○ ○ ○　　○ ○ ○ ○
T：ここまでは大丈夫？
　　（子供と一輪車を1対1対応する前に一度止める）
C：5人の子供が一輪車に乗るので，線で結びます。

C：　5人の子供が乗ったので，残った一輪車は4台です。

5人乗った　　　　4台残った

T：図やブロックで考えると9台はどこですか？

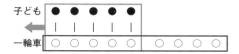

C：一輪車の9台です。

T：ひかれた5は，5人かな？

C：5人ではなく，子供が乗った一輪車5台です。

C：9台－5台＝4台です。

T：子供の人数を一輪車の人数に置き換えると，計算することができますね。

【異種の数量から統合する場面】

T：はじめは9（台）－4（人）となりましたが，どのように考えることが大切でしたか？

C：子供の人数を一輪車の数に置き換えると，計算できました。

C：同じ種類にしないと計算できないので，同じ種類にしました。

T：たし算もひき算も，同種類，同じ単位同士でないと計算できないので，同じ単位で見られるかどうかを考えることが大切ですね。

4　板書計画

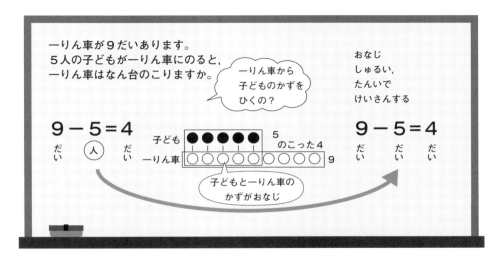

4

第1学年
たし算とひき算のきまり

どうしてこのきまりは
いつでも使えるのかな？

1 1年生におけるたし算とひき算のきまりの要点

　1年生で学習するたし算のきまりとして扱いたいものは，$a+b=(a+c)+(b-c)$，もしくは，$a+b=(a-c)+(b+c)$ というものである。ひき算のきまりとして主に扱いたいものは，$a-b=(a+c)-(b+c)$，もしくは，$a-b=(a-c)-(b-c)$ というものである。それぞれ，具体的な計算だと，以下のようになる。

【たし算のきまり】　　　　　【ひき算のきまり】

```
3  +  7  =10          8  −  4  =4
↓+2  ↓−2              ↓+2  ↓+2
5  +  5  =10          10 −  6  =4
```

　1年生の時点で重要なことは「どうしてこのきまりはいつでも使えるのかな？」ということを考えることである。この経験は，算数の学習をするときに，とても重要な「理由を考えなければ，本当かどうかは分からない」という，論理的に考える姿勢を養うことにもつながる。

　たし算とひき算のきまりというのは，自ら計算に働きかけ，よりよい解法を考える場面において，とても有効な手段となる。2年生や3年生でたし算やひき算の筆算を学習するが，筆算を学習すると，何でも筆算という形式に当てはめて計算しようとする子供が多い。筆算自体は，どんな数でも一つの形式に当てはめれば計算ができるものとして価値が高いが，「とにかく筆算を使えば答えが出る」と考え，よりよい解法を考えようとしなくなってしまう子供も多くなる。もっと，子供が計算に自ら働きかけ，よりよい解法を考えられるようにしたい。例えば，$902-698$という計算も，ひき算のきまりを使って$904-700$として暗算しやすくする等，よりよい解法を自ら見つけられるようにしたいのである。

　将来の学習において，桁数が大きくなったときでも，たし算とひき算のきまりを使えるようにしたい。そのためには，1年生でたし算とひき算のきまりを学習する際，「どうしてそうなるのか？」ということを考え，「このきまりは，たし算（ひき算）なら，どんなときでも使える」ということを論理的に理解できるようにしておくことが重要である。

2 この授業における工夫

「どうして，このきまりはいつでも使えるのか？」を問う

　本時は，繰り上がりのないたし算と繰り下がりのないひき算の学習の後に行う。

　まずは，以下のように，同じ答えになるたし算とひき算を集め，被加数と加数，被減数と減数，それぞれの数の変化のきまりについて考えるのである。

【たし算のきまり】

$$1 + 5 = 6$$
$$2 + 4 = 6$$
$$3 + 3 = 6$$
$$4 + 2 = 6$$
$$5 + 1 = 6$$

【ひき算のきまり】

$$5 - 1 = 4$$
$$6 - 2 = 4$$
$$7 - 3 = 4$$
$$8 - 4 = 4$$
$$9 - 5 = 4$$

　この他にも，様々な答えが同じになるたし算やひき算を集めて，「どんな答えのときも，たし算とひき算のきまりは使うことができる」ということを確認する。その上で，「どうして，このきまりはいつでも使えるのか？」ということを考えさせる。しかし，答えが同じ式がたくさん並んでいる状態では，考える対象が焦点化できないため，「例えば，この式を使って説明できますか？」と，下のように式を例示する。

```
  2 ＋ 4 ＝6          6 － 2 ＝4
 ↓＋3 ↓－3          ↓＋3 ↓＋3
  5 ＋ 1 ＝6          9 － 5 ＝4
```

　このとき，子供は様々な方法で説明をすることが予想される。大事なことは，図を使って視覚的に説明をさせることである。もし，子供から図を使った説明が出ない場合は，教師から出すべきである。なぜなら，口頭だけで説明したとしても，被加数と加数，被減数と減数にたされたりひかれたりした数が何を意味しているのかを理解するのは難しいからである。

　上記の式であれば，次のような図を示して理解を促したい。

【たし算のきまり】

○○　　　●●●●○
○○●●●　　　○

【ひき算のきまり】

●●●○○○○○○
●●●○○

　たし算のきまりであれば，●が被加数にたされた数であり，加数からひかれた数を表している。ひき算のきまりであれば，●が被減数と減数にそれぞれたされた数を表している。このような図を使えば，たし算のきまりは和一定，ひき算のきまりは差一定であることが一目瞭然である。もちろん，上記の図以外であっても構わないが，和一定と差一定が分かるような図を扱うようにしたい。

3 本時の学習指導

1）ねらい

たし算とひき算のきまりが成り立つ理由を図を使って考えることができる。

2）展開

【たし算のきまりがいつでも使える理由を考える場面】

T：答えが6になるたし算の式を言えますか？

C：1＋5とか2＋4

C：もっとあります。全部書いてみるとこうなります。

$$1＋5＝6$$
$$2＋4＝6$$
$$3＋3＝6$$
$$4＋2＝6$$
$$5＋1＝6$$

C：左の数が増えると，その分，右の数が減っています。

T：他の答えのときもなっているかな？

C：やってみたら，他の答えのときもなっています。

T：このたし算のきまりは，どうしてどんな答えのときでも使えるのか分かるかな？　例えば，この式を使って考えられるかな？

$$2 ＋ 4 ＝6$$
$$\downarrow＋3 \quad \downarrow－3$$
$$5 ＋ 1 ＝6$$

C：だって，2つの数を合わせるんだから，片方に3を増やしてもう片方から3を減らしても，合わせた数は同じになるでしょ？

T：言葉だけだと伝わりづらいから，図も使って説明できますか？

C：それぞれの式を図で表すとこうなるけれど，増やした3と減らした3はどこのことかな？

2+4　　　○○　　　○○○○
5+1　　　○○○○○　　　○

C：この図を見ると，●の部分が増やした3と減らした3になっていると思います。

2+4　　　○○　　　●●●○
5+1　　　○○●●●　　　○

C：でも，答えの6はどちらも同じだから，左の数に3をたして右の数から3をひいても，答えは変わらないんだね。

【ひき算のきまりがいつでも使える理由を考える場面】

T：では，今度はひき算で答えが4になる式を言えますか？

C：5－1とか6－2

C：これも全部書いてみるとこうなります。

5 − 1 ＝ 4
6 − 2 ＝ 4
7 − 3 ＝ 4
8 − 4 ＝ 4
9 − 5 ＝ 4

C：たし算と違って，左の数が増えた分だけ，右の数も増えています。

C：やってみたら，他の答えのときもなっています。

T：このひき算のきまりは，どうしてどんな答えのときでも使えるのか分かるかな？　例えば，この式を使って考えられるかな？

6 − 2 ＝4
↓＋3 ↓＋3
9 − 5 ＝4

C：たし算のときもそうだったけれど，図をかいてみると分かるかもしれないよ。

T：そうですね。では，一緒に図をかいてみましょう。まず，6−2は6と2の違いを考えていると考えると，どんな図になりますか？

C：こんな図になると思います。四角で囲んだところが答えの4です。

T：これに，それぞれ3ずつたすんですよね。

C：たした3が分かるように●にすると，こうなります。

●●●○○○○○○
●●●○○

C：こうやって見ると，左の数に3をたして，右の数にも3をたしても，違いの4が変わらないから，答えが変わらないんだね。

4　板書計画

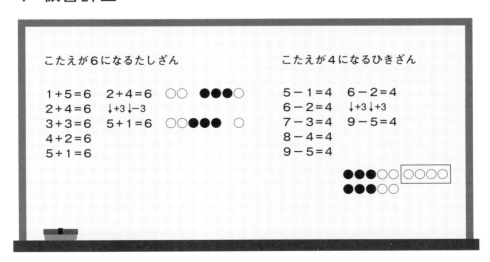

第2学年
たし算とひき算の筆算

位ごとに分けると
いいことがあるの？

1 たし算とひき算の筆算の位置づけ

　2年生では，加法と減法の筆算形式を学習する。2位数±2位数の計算の仕方は子供たちが考えていく内容であるが，筆算の表現は教師が教えることである。計算の仕方においては，おはじきやブロックなどを使うことで，10のまとまりとバラを分けて計算することができる。まとめとして，十の位同士，一の位同士を計算していることを発見し，位を縦に揃えて書く表現として筆算を教える。

　例えば，12＋23の計算の仕方では，10のまとまりとバラに分けて計算することを以下のようにブロックや式で表現する。筆算の部分和の表現などを通して，右下のような筆算形式まで簡潔に表していく。考え出した計算の仕方が，筆算形式と同じであることに気付かせたい。

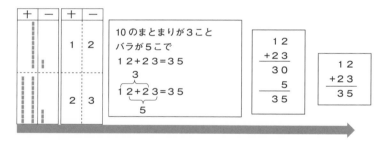

　筆算の学習が始まると，子供は位ごとに分けて計算するよさを感じなくなり，形式的な処理になってしまう。そのため指導上，次の点を意識させることが必要である。

位ごとに分けることで，1位数同士の計算にできる

　位ごとに分ける筆算形式は，1位数同士の計算をしていることになる。これは1年生で学習した10までのたし算で計算できることを意識させるとよい。子供たちは，大きな数になっても，簡単な数として計算できるというよさに気付くことができるだろう。今後，3位数以上の計算になったとしても，結局は1位数同士の計算でできると既習事項に結び付けられる実感をもたせることで，統合的・発展的に考える力の育成にもつながる。

位を単位として，そのいくつ分の数と捉えることができる

　1位数同士の計算のよさをつかんだ後，どうしてそう考えることができるのか，筆算の仕組みに焦点を当てる。位ごとに分けることで，位を単位としていくつ分を表し

ていることを見出させていきたい。例えば，34 ＋ 5 など，2 位数＋ 1 位数において，
位ごとに計算する意識をもたせやすい。次のように 5 を十の位に書いてしまう素朴な
つまずきを取り上げたい。そうした反応がない場合は教師から出してもよい。筆算で
位を揃えることが同じ単位同士で計算していることにあたることに気付かせていける
とよい。

```
  3 4        3 4
+ 5        + 5
─────      ─────
  8 4        3 9
```

2　この授業における工夫

　本時は，計算の仕方を考えた後，筆算の表現を学習する第 2 時を想定している。ひ
き算の筆算の学習でも同様な展開をとることで，既習の 1 位数同士の計算でできるこ
と，位を単位として計算していることを発見させられるとよい。

「位ごとに分けて計算する意味やよさ」に目を向けさせる

　筆算形式を確認した後，「位ごとに分けるといいことがあった？」「位ごとに分けて
計算すると簡単になるってどういうこと？」など，発想やよさを問い返したい。そこ
で，既習の 1 年生の計算が活かされていることに気付かせていく。

図を抽象化する過程で，単位を捉えさせる

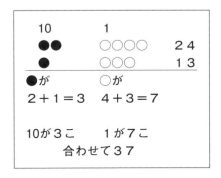

　また，算数ブロックなどから，マグネットやアレイ図を使った図へと移行するとよ
い。ブロックや○の数を 1 つずつ書いていくことは手間がかかる。
　一方，上のように表すとき，●は 2 ＋ 1 ＝ 3　○は 4 ＋ 3 ＝ 7 と求められる。この
とき，●を10と捉えることで，●が 3 個で30とみることができる。そして，○を 1 が
4 ＋ 3 ＝ 7 と改めて意識させることで一の位は，1 を単位とした計算であることを意
識させたい。
　アレイ図を少しずつ捉えていくことで，●や○が単位としているものが違い，同単
位のもの同士で計算するという加法の原理に結び付けることにつなげていく。

3 本時の学習指導

1）ねらい

　位ごとに分ける筆算形式は，1位数同士の計算となり，その背景に位を単位として，単位のいくつ分を求める計算があることに気付くことができる。

2）展開

【筆算形式に出合う場面】

> 赤いチューリップが24本，黄色のチューリップが13本さきました。
> ぜんぶで何本さきましたか。

T：ブロックではどのように計算を考えましたか（※①）。

C：10のまとまりとバラに分けて計算をしていました。

C：十の位と一の位を分けて計算しました。

T：次のように縦に揃えて書いて計算する方法を筆算といいます（※②）。

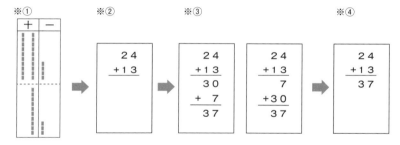

（筆算を考える時間をとる）

T：（※③）は，どのように計算したのだと思いますか。

C：20と10をたして30，4と3をたして7，合わせて30＋7にしています。

C：十の位から計算したのか，一の位から計算したのか順番が違うけれど，同じです。

T：（※④）は，どうですか？

C：4＋3＝7　2＋1＝3　で37になりました。

【図を抽象化する過程で，単位を捉えさせる場面】

T：おはじきを使っても，24＋13を表せるかな？（15〜16個のおはじきを出す）

C：おはじきの数が少ないよ。

C：十の位と一の位を分けて，並べるとできると思います。

【上部左の図】

十のくらい　　一のくらい
●●　　　　　○○○○　　　2 4
●　　　　　　○○○　　　　1 3

【上部右の図】

十のくらい　　一のくらい
●●　　　　　○○○○　　　2 4
●　　　　　　○○○　　　　1 3
─────────────
●が　　　　　○が7個
2＋1＝3個　　4＋3＝7個
10が3個　　　1が7個
20＋10＝30　　合わせて37

T：●と○は何を表しているのかな？

C：●は十の位の数で○は一の位の数です。

C：●は2＋1＝3　○は4＋3＝7です。

C：●の2＋1＝3は，20＋10＝30ということです。

T：十の位は，10を単位とすると2＋1＝3で考えることができますね。
　　では，○は何を単位として4＋3＝7の計算になるのかな？（板書）

C：一の位は，1が4＋3＝7個です。

【「位ごとに分けて計算する意味やよさ」に目を向けさせる場面】

T：筆算という計算の仕方は，どんな計算と言えましたか。

C：位ごとに分けて計算しています。

C：一の位は，4＋3＝7，十の位は，2＋1＝3　合わせて37です。

T：位ごとに分けるといいことがありましたか？

C：簡単でした。

C：1桁の計算で，すぐできます。

T：24＋13と2桁の計算は，位ごとに分けると1桁同士の計算になりますね。この計算は，何年生で学習しましたか？

C：1年生です。

T：数が大きくなっても，1年生の学習で計算できるようになりましたね。

C：数がもっと大きくなってもできるのかな？　試してみたいな。

4　板書計画

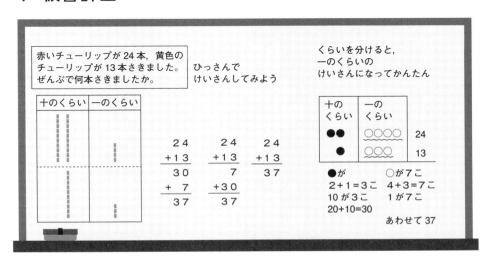

6

第2学年
たし算とひき算の相互関係

たし算とひき算は
どこを求めている計算？

1 たし算とひき算の相互関係の要点

この学習でよく扱われる問題としては次のようなものがある。

【問題】

> なんまいかクッキーがあります。そこから子どもが８まいたべたら，のこり
> のクッキーは13まいになりました。さて，さいしょにあったクッキーはなんまい
> でしょうか。

これまで，「のこり」や「たべた（へる）」のような表現をもとに立式をしていた
子供たちは，何算で解いていいのか分からなくなる。状況としてはひき算の場面だ
が，答えを求めるためにはたし算を使う。ここで問題になるのは「なぜ，たし算で
求めるのか？」ということである。

クッキーが何牧かあり，そこから８枚食べたのだから，求残のひき算と考えるの
は自然なことである。しかし，答えを求める式は $8 + 13 = 21$ であり，たし算とな
る。

そこで重要になるのがテープ図である。この問題場面をテープ図で表すと，以下
のようになる。

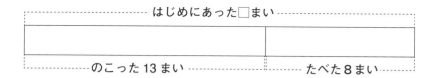

このように整理すると，「はじめにあった□まい」を求めているので，$13 + 8$ を
することが分かる。

大切なことは，いろいろな場面でテープを使って問題場面を表し，「どんなとき
にたし算を使うのか？」「どんなときにひき算を使うのか？」ということを子供が
考えることである。決して「目の前の問題が何算か分かったからよい」「解けたか
らよい」のではなく，何問か解いた後で，たし算になる場合，ひき算になる場合に
ついてまとめていくことが重要である。

次のような問題であれば，状況としてはたし算だが，答えを求める式はひき算になる。

【問題】

> はじめ，16こアメをもっていました。そのあといくつかアメをもらったら，もっているアメは24こになりました。もらったアメはいくつでしょうか。

　問題場面をテープで表すと次のようになる。

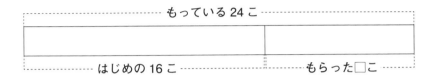

　いくつかの問題場面をテープ図に表し，「たし算はどの部分を求めている計算か？」「ひき算はどの部分を求めている計算か？」ということを考えることが大切である。

2　この授業における工夫

「たし算とひき算はどこを求めている計算？」を問う

　本実践は，たし算とひき算の相互関係の学習のまとめとして行う実践である。状況としてはひき算だが立式するとたし算になる問題，状況としてはたし算だが立式するとひき算になる問題を比べて，テープ図のどの部分を求めるときがたし算（ひき算）なのかを問う。そして，「全体を求めるときがたし算」「部分を求めるときがひき算」という言葉でまとめる。

　テープ図で表すと，以下のようになる。

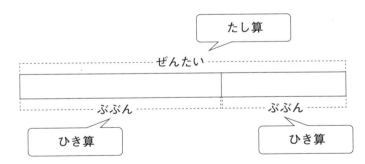

　多くの子供が「増えるときがたし算」「減るときがひき算」といった考えをもっていると考えられる。また，これまでも求大や求小，求補といった，様々なたし算やひき算を学習してきている。しかし，感覚的にたし算とひき算の立式を行ってきた子供も多いであろう。この学習を機に，「全体を求めているからたし算」「部分を求めているからひき算」と，立式の根拠を言えるような力を身に付けさせていきたい。

3 本時の学習指導

1）ねらい

たし算が全体，ひき算が部分を求める演算であることに気付くことができる。

2）展開

【たし算とひき算の問題場面をテープ図に表す場面】

Ｔ：次の問題は何算で解く問題でしょうか？

【問題①】

　なんまいかクッキーがあります。そこから子どもが8まいたべたら，のこりのクッキーは13まいになりました。さて，さいしょにあったクッキーはなんまいでしょうか。

【問題②】

　たろうさんは17こどんぐりをもっています。ようこさんは15こどんぐりをもっています。2人がもっているどんぐりは，あわせていくつでしょうか。

Ｃ：テープ図をかけばすぐに分かります。

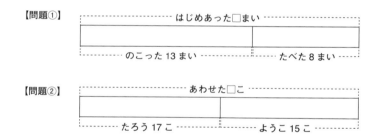

Ｃ：問題①は13＋8，問題②は17＋15だから，どちらもたし算です。

Ｔ：では，次の問題は何算で解く問題でしょうか？

【問題③】

　はじめ，16こアメをもっていました。そのあといくつかアメをもらったら，もっているアメは24こになりました。もらったアメはいくつでしょうか。

【問題④】

　はじめ，25人の子どもであそんでいました。そこから，9人の子どもが帰りました。今，あそんでいる子どもは何人でしょうか。

Ｃ：これもテープ図をかけば分かるよ。

【問題③】

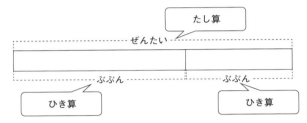

【問題④】

C：問題③は24−16，問題④は25−9だから，どちらもひき算です。

【たし算とひき算は，テープ図のどこを求める計算なのかを考える場面】

T：たし算とひき算は，テープ図のどの部分を求める計算か分かりますか？

C：たし算は全体を求めていて，ひき算はテープ図の一部分を求めています。

C：こんな感じです。

T：「たし算は全体を求めるため」「ひき算は部分を求めるため」と言えますね。

C：問題①に「たべた」と書いてあるのに，たし算になるのは，全体を求めているからで，問題③で「もらった」と書いてあるのに，ひき算になるのは，部分を求めているからだね。

4 板書計画

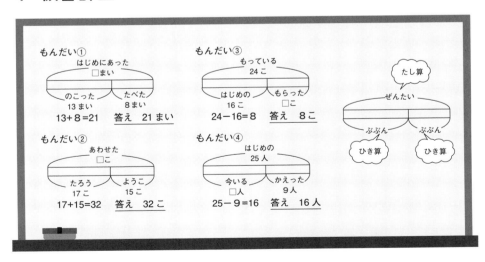

第2学年
たし算とひき算のきまり

筆算しなくても解けるかな？

1 2年生におけるたし算とひき算のきまりの要点

　2年生で学習するたし算とひき算のきまりで扱いたいものは，1年生で学習したたし算のきまりと同様である。今一度示すと，たし算のきまりとしては，$a+b=(a+c)+(b-c)$，もしくは，$a+b=(a-c)+(b+c)$ というものである。そして，ひき算のきまりとしては，$a-b=(a+c)-(b+c)$，もしくは，$a-b=(a-c)-(b-c)$ というものである。具体的に示せば，以下のようになる。

【たし算のきまり】

```
3  +  7  =10
↓+2  ↓−2
5  +  5  =10
```

【ひき算のきまり】

```
8  −  4  =4
↓+2  ↓+2
10  −  6  =4
```

　2年生では，数の範囲が広がり，2桁同士のたし算とひき算となる。扱う数が大きくなるため，それぞれのきまりが成り立つ理由を説明する際に，図を使って説明しようとすると難しくなる。よって，きまりが成り立つ理由は，数を小さくして，1桁同士のたし算とひき算の場面に置き換えて考えることが必要となる。たし算とひき算のきまりが成り立つ理由は，1年生でも学習していることなので，授業の前半で全員で共有し，本時では，「たし算とひき算のきまりを数の範囲を広げたときに，どのように使うのか」ということを考えさせることを主な活動としたい。

　例えば，$68+17$ と $87-49$ であれば，以下のようになる。

【たし算のきまり】

```
68  +  17  =85
↓+2  ↓−2
70  +  15  =85
```

【ひき算のきまり】

```
87  −  49  =38
↓+1  ↓+1
88  −  50  =38
```

　本単元では，筆算の仕方を学ぶ。筆算はアルゴリズム通りに計算をすれば，答えを出すことができるが，途中に繰り上がりや繰り下がりもあり，計算が面倒なことがある。しかし，たし算とひき算のきまりを使うことで，計算が容易になり，暗算で答えを出せることがある。筆算を学習したから，何でも筆算で解こうとするのではなく，数を見ながら，柔軟に解き方を考えられる子供にしたい。そして「2桁でも使えたのだから，もっと数が大きくなっても使えるはずだ！」と子供の思考を発展に向かわせ，今後の学習においても，積極的にたし算とひき算のきまりを使うことを意識させたい。

2 この授業における工夫

「筆算しなくても解けるかな?」を問う

　本時は，2桁同士のたし算とひき算の学習の後に行う。教科書に掲載されることはあまりない，特設の学習内容となる。2桁同士のたし算とひき算の学習の直後に行ってもよいが，筆算を日常的に使えるようになり，「筆算をすることが当たり前」となった後に行うことをおすすめしたい。なぜなら，「筆算をすることが当たり前」となると，どんな数であっても筆算で解いてしまう子供が増えるからである。だからこそ，「筆算をすることが当たり前」となった時点で，たし算とひき算のきまりを使って，「筆算を使わなくても解ける」という経験をすることで，形式的に解くのではなく，自ら問題に働きかけ，よりよい解法を考える姿勢を養うことにつながっていくと考える。

　たし算の場合は，被加数と加数のどちらかをきりのいい数にすることで計算が容易になる。68+17であれば，68を70にするか，17を20にするということである。ひき算の場合は，被減数をきりのいい数にしても計算が容易にはならない。87-49であれば，90-52にしても繰り下がりが発生してしまう。ひき算の場合は，減数をきりのいい数にすることで，計算が容易になる。87-49であれば，88-50にするということである。このことに子供自身で気付けるようにすることが大切である。

　形式的に「たし算の場合は，たされる数とたす数のどちらかの数をきりのいい数にして，ひき算の場合は，ひく数をきりのいい数にします」と伝えても，「どうしてそうなのか」ということを理解していなければ，使えなくなってしまう。大切なことは，たし算とひき算の数に自ら働きかけ，いろいろと工夫をして，より簡単に計算ができる方法を発見することである。特に大切なことは，トライ&エラーを繰り返すことである。特に，エラーは大切である。87-49を90-52にした方法と88-50にした方法を見比べ，「何が違っているのか」「なぜ88-50の方が計算がしやすいのか」ということを，子供なりの言葉で表現させることが重要である。

　この学習が終わった後，たし算とひき算の筆算の習熟のために使ったドリルや教科書の練習問題を見直させるとよい。そして「筆算でやらなくてもいいなと思う問題を選んでみましょう」と声をかけると面白い。今まで，全て筆算でやっていた問題に対して，子供が自ら働きかける。そして，「この問題なら，きまりを使った方が簡単だ」という発言が出されるだろう。筆算でやるか，たし算とひき算のきまりを使って暗算で解くか，その判断は子供に委ねてよい。問題に働きかけ，自ら判断させることが大切な経験となる。

3　本時の学習指導

1）ねらい

　たし算とひき算のきまりを使い，2桁同士のたし算とひき算を暗算で計算する方法を考えることができる。

2）展開

※この展開に入る前に，1年生で学習した，たし算とひき算のきまりを振り返る。

【たし算のきまりを使って，2桁同士のたし算を簡単にすることを考える場面】

　T：68＋17はいくつですか？

　C：筆算でやれば簡単です。

$$\begin{array}{r} 68 \\ +17 \\ \hline 85 \end{array}$$

　T：そうですね。でも，さっき振り返った1年生で学習した，たし算とひき算のきまりを使って，筆算を使わなくても解けるようにできるかな？

　C：68に2をたして，17から2をひけば，70＋15になって，筆算を使わなくても計算ができるよ！

　T：式を使って表すと，こういうことですね。

　　68　＋　17　＝85
　　↓＋2　↓－2
　　70　＋　15　＝85

　C：私は，17に3をたして，68から3をひいて，65＋20にしました。

　C：それも筆算しなくても，簡単に計算できる！

　T：式を使って表すと，こういうことですね。

　　68　＋　17　＝85
　　↓－3　↓＋3
　　65　＋　20　＝85

　C：たされる数とたす数のどちらかをきりのいい数にすると，筆算をしなくても簡単に計算ができるね。

【ひき算のきまりを使って，2桁同士のひき算を簡単にすることを考える場面】

　T：では，ひき算ならできるかな？　87－49だったらどうしますか？

　C：ひき算はたし算と似ているから，きっとたし算のときと同じように，ひかれる数とひく数のどちらかをきりのいい数にすればいいと思います。

　C：87に3をたして，49に3をたして，90－52にしました。

　　87　－　49　＝38
　　↓＋3　↓＋3
　　90　－　52　＝38

　C：87－49を筆算でやると，答えは38だから合っているよ。

C：でも，90－52を筆算を使わないで計算するのは難しいから，それなら87－49をそのまま筆算で解いた方がいいかもしれない。

C：私は，87に1をたして，49に1をたして，88－50にしました。

87 － 49 ＝38
↓＋1 ↓＋1
88 － 50 ＝38

C：これなら筆算しなくても簡単に解けます！

T：2つのやり方を見比べて，どうして88－50のときは筆算を使わなくても簡単に計算ができるようになったのか考えてみましょう。

87 － 49 ＝38   87 － 49 ＝38
↓＋3 ↓＋3   ↓＋1 ↓＋1
90 － 52 ＝38   88 － 50 ＝38

C：どちらも，ひかれる数とひく数に同じ数をたしているのは変わらないよ。

C：88－50のときは，ひく数をきりのいい数にしているから，筆算を使わなくても簡単に計算できるようになったんじゃないかな。

C：本当だ。90－52にすると，ひかれる数がきりのいい数になっているけれど，ひく数がきりのいい数になっていないから，計算しづらいんだね。

【たし算とひき算のきまりの使い方を振り返り，筆算の計算を見直す場面】

C：たし算のときは，たされる数かたす数のどちらかをきりのいい数にすると，筆算を使わなくても簡単に計算ができるね。

C：ひき算のときは，ひく数をきりのいい数にすると，筆算を使わなくても簡単に計算ができる。

C：これからは，たし算とひき算のきまりを使えば筆算をしなくてもいいと思ったら，筆算をせずに答えを出すことができるね。

4 板書計画

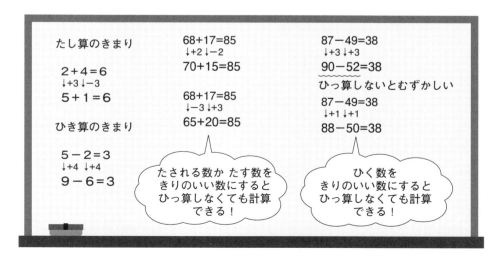

かさの計算と長さの計算は同じ？

1 量の計算の位置づけ

　2年生で学習する量は，時間（時間，分），長さ（m，cm，mm），かさ（L，dL，mL）である。教科書におけるこれらの量の計算は，その量の加法性があるかを考察するために入っている。形式的に計算をするだけで終わってはいけない。量の加法性とは，その量同士を加えると増えるという性質であり，それが成り立つかを調べる学習と言える。加法性のある量のことを外延量とよぶ。外延量は，単位を決めて，それがいくつ分あるかを数えて数値化している量である。

　2年生では長さとかさの計算を次のような問題で扱う。

＜長さ＞

⑦と⑦の線の長さをくらべましょう。

＜かさ＞

水がせんめんきに　2L5dL，花びんに
1L3dL 入っています。
水は合わせて何 L 何 dL になりますか。

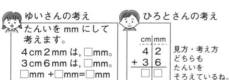

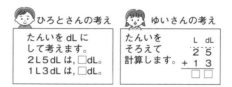

　子供たちは当たり前に計算していいと捉えてしまうため，たしたりひいたりしてもよいのか，どうしてそう計算できるのかを教師が問う必要がある。その背景に，単位を決めて，いくつ分あるかを考えていること，それは単位を揃えることでいくつ分か計算で求められることを意識させる必要がある。上の問題例のように，cm をmm，L を dL へと下位単位に変えていくつ分か表す方法と，既習のたし算やひき算の筆算のように位を揃えることで，位ごとに分けて計算する方法がある。どちらも同種同単位のものについて考えているという加法の原理に帰着していきたい。

　さらに，長さとかさの学習を別々もので終わらせず，どちらも同じように単位を揃えて計算していたことに気付くようにできるとよい。

　量の計算の学習は，3年「重さ」4年「面積」でも，同様に考えることができる。子供たちは無意識に単位を揃えて計算してしまうが，単位を揃えないと比較や加法計

算ができないことに気付かせることができる機会と言える。

2 この授業における工夫

「長さ」の単元後に,「かさ」の単元を学習する。本時は,「かさ」の単元内の加法性を考える時間である。

「どうして同じ単位にしようとしたのか」に目を向けさせる

問題提示で L と dL の複名数で表記した量同士では,子供は無意識に L と dL を単位同士で計算してしまうだろう。そこで,次のような問題提示をする。

水が大きな花びんには34dL　小さなバケツに5L入っています。
　2つの入れ物の水＿＿＿＿＿＿＿＿になりますか。

---

dL と L それぞれ単名数で提示する。こうした提示でも,無意識に単位を揃えて計算することも考えられる。だからこそ,どうして同じ単位にしようと思ったのかを問う必要性が出てくる。また,教師から34＋5＝39という誤答を出し,どうしてそうしてはいけないのかを問うてもよい。その理由として,34dL と 5L では単位となる量の大きさが違うこと,単位が違うと計算した数の意味が説明できなくなることは話しやすいだろう。

また,問題文の最後を下線にすることで,
「2つの入れ物の水を合わせると何 L 何 dL になりますか？」という加法場面
「2つの入れ物の水の違いは何 dL になりますか？」という減法場面
を子供とつくることができる。どうしてそうした問題を考えたかを振り返ることで,長さの計算に加法や減法があったことを想起することもできるだろう。

余談だが,"大きな"花びんと"小さな"バケツという形容詞に子供は反応する。「問題が変」「小さいバケツの方が水が多いのが変」と言う子もいる。単元の後半までに,dL や L の容器でかさを測ったり,入れたりする活動は行ってきているが,物の容積の量感をもてていない反応とも言える。バケツは一般に8〜10Lであるから,小さなバケツが5Lでも違和感はない。計算の処理だけで終わらないようにしたい。

長さの計算とかさの計算の共通点に目を向けさせる

授業のまとめでは,かさの計算と長さの計算を想起させる。
長さもかさも,どちらも単位を揃えて計算をしていること,一つ分を同じにするから数値で表せることに気付かせたい。

3 本時の学習指導

1）ねらい

かさの加法性を理解し,単位を揃えると整数の計算と同じようにできることを説明できる。

2）展開

【水のかさについての問題をつくる場面】

T：2つの入れ物に水が入っています。

> 水が大きな花びんには34dL　小さなバケツに5L入っています。
> 2つの入れ物の水＿＿＿＿＿＿＿＿＿＿になりますか。

C：大きな花びんより，小さなバケツなのに，たくさん入っているよ。

C：小さなバケツなのに多いのは変だ。

C：バケツは8Lくらいあったから，小さなバケツだとそのくらいじゃない？

T：2つの入れ物の水でどんな問題がつくれますか。

C：2つの入れ物の水を合わせると何L何dLになりますか？

C：それはたし算になります。

C：2つの入れ物の水の違いは何dLになりますか？

C：今度はひき算になります。

T：水のかさもたし算やひき算ができそうですか？

C：長さもたし算やひき算をしたから，できると思います。

【単位を揃えて計算する意味を考える場面】

T：まず，合わせる問題を考えましょう。このような考え方がありました。

34＋5＝39

C：違います。

C：dLとLをそのままたしてはいけないと思います。

C：34dLは3L4dLだから，5Lとたすと8L4dLです。

T：3L4dL＋5L＝8L4dLということですか？

C：Lを計算して3L＋5L＝8L。それに4dLを合わせます。

C：僕はそれを筆算しました。

T：Lに直して，dL同士で計算したんですね。

C：1L＝10dLなので，5Lは50dLになります。

32＋50＝84dLです。

C：さっきの筆算は，dLの筆算と同じですね。

T：LやdLを揃えているけれど，どうして同じ単位にして計算したのですか？

34＋5＝39にはならない？

C：1Lと1dLは違うからたせません。

C：1L1dLにはなるけど，2Lにも2dLにもなりません。

C：図にすると……（Tから図にしてみると投げかけてもいい）。

<34dL>
▢▢▢▢▢ ▢▢▢▢▢
▢▢▢▢▢ ▢▢▢▢▢
▢▢▢▢▢ ▢▢▢▢▢
▢▢▢▢

<5L>
▢ ▢ ▢ ▢ ▢

C：1dLと1Lの大きさが違うからたせません。

T：同じ単位にすると，大きさが揃うので計算できるということですね。
　　では，水のかさの違いを考えてみましょう。
　　（以下ひき算の場合も同様に考える）
　　（5L－3L4dL＝2L4dLという誤答を取り上げる）

【長さの計算と比較して，統合する場面】

T：水のかさもたしたり，ひいたりできましたね。長さの計算も振り返ってみましょう。「3cm4mmのテープと5cmのテープをつないだ長さは？」はどのように考えますか？

C：同じです。3cm4mm＋5cm＝8cm4mm

T：長さの計算とかさの計算は何が同じですか？

C：どちらも同じ単位同士を計算します。

C：同じ単位じゃないとたせないからです。

T：3cm4mmというのは，1cmが3つ分と1mmが4つ分と言えます。
　　5cmは1cmが5つ分だから
　　合わせると1cmが8つ分，1mmが4つ分になりますね。
　　同じ単位というのは，一つ分を揃えて計算していることです。

C：同じ単位だと，いくつ分が分かるので計算ができます。

C：かさも1dLがいくつ分で数えました。

4　板書計画

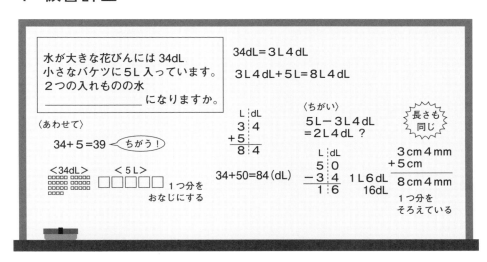

第2学年
かけ算（2）

かけ算の場面を式に表せるかな？

1 乗法の場面を式に表す指導の要点

　子供は「一つ分の大きさ」が決まっているとき，その「いくつ分」に注目することによって，かけ算を用いて「全体の数量」を求めることができることを理解し，乗法九九の構成，すなわち1から9の段の乗法九九について学習していく。

　まず，2から5の段までの乗法九九の構成を学習する。ここでは，「乗数が1増えれば，積は被乗数分だけ増える」という関数的な見方をもとにする。その過程で，4×3＝4＋4＋4のように「同数累加により積が求められる」という性質や，2×5＝5×2のような「交換法則」など，計算に関して成り立つ性質を見いだすようにする。

　次に，6から9の段と1の段の乗法九九の構成を学習する。ここでは，2から5の段までの乗法九九の構成で学習したことを用いていく。これまでの知識を生かし，統合的・発展的に考えることで，子供自らが新たな段の乗法九九の構成を考えていく指導を大切にしたい。そして，創り出していく過程や結果を，図や数，式などの数学的な表現を生かしながら互いに伝え合う活動を取り入れることで，子供が算数を創り出すことの楽しさを実感することができる。

　このように1から9の段まで学習した子供は，「一つ分の大きさ」や「いくつ分」といった見方を働かせることで，問題場面を乗法の式に表すことができる。ここでいう乗法の場面とは，文章で表された場面だけではない。それだけでは，式の意味を意識せず，文章に出てきた数値の順に式に表す子供になってしまう恐れがある。

　乗法の場面は，○やテープ図などの図を用いた表現，具体物を用いた表現，ロッカーや蛍光灯などの日常生活など，いろいろな方法で表すことができる。さらに，これまでの学習とのつながりを意識し，図形の学習との関連をもたせることもできる。具体的には，正方形や長方形，三角形を敷き詰めた活動である。このようにいろいろな方法で乗法の場面を表すことで，子供は，式の意味を意識して乗法の場面を式に表すようになる。

2 この授業における工夫

図形やまとまりについての多様な見方を引き出す

本時では，麻の葉模様を簡単にした次のような敷き詰め模様を扱う。この模様は，正三角形を敷き詰めてできる模様である。

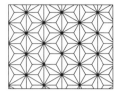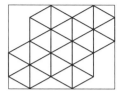

<麻の葉模様 と 本時の模様>

まず，敷き詰め模様を提示し，「この模様からどんな図形が見えるか」と問い，見えてくる図形を発表させる。そして，子供が発表した図形に色を塗る。敷き詰め模様からどの図形を見ているのか，はっきりとさせるためである。そして敷き詰め模様から三角形やひし形，台形，六角形が見えることを確認する。

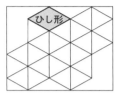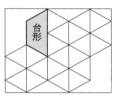

<敷き詰め模様から見える図形>

次に，問題を提示する。本時では「＿＿＿＿＿＿はいくつありますか？」と，求める対象を変数にする。これは，子供が自ら求める対象を決定し，自由に考察できるようにするためである。子供は，敷き詰め模様から見えてきた図形を求める対象とし，その図形の数を求め始める。

複数の式で三角形の数が求められることの妥当性を検討し，式の意味について考える

まず，三角形の数が24であることを確認し，どのように求めたのか問う。子供はまとまりをつくり，数量の関係に着目して乗法に表したことを発表する。例えば，3 × 8や6 × 4と発表する。

次に，「同じ三角形の数を求めているのに，式がいくつもあってよいのか」と問う。式の意味を考えさせるためである。子供は，敷き詰め模様からどんなまとまりをつくったのか，それがいくつあるのかと，「一つ分の大きさ」と「いくつ分」という乗法における数量の関係に着目して式の意味を説明する。

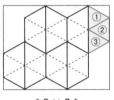

<3 × 8>

そして，「他にどんな式が考えられるか」と問う。子供は乗法九九を想起し，答えが24になる式を考え，発表する。例えば，8 × 3や4 × 6である。しかし，本時の敷き詰め模様では，8 × 3の式は相応しくないことに気付く。式の意味を考えている子供にとって，三角形8つでできた形はまとまりと認められないためである。つまり，三角形8つでは，「一つ分の大きさ」がバラバラに見えるため，乗法の式に表せないと考えるのである。このように，自ら「一つ分の大きさ」や「いくつ分」を設定し，乗法の式に表すだけでなく，その式の意味について考えることができるようにしている。

3　本時の学習指導

1）ねらい

　まとまりに着目し，乗法の式に表して図形の総数を求めることができる。

2）展開

【模様を構成する図形を見いだし，考察対象を考える場面】

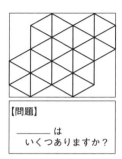

【問題】
_____は
いくつありますか？

　Ｔ：この模様から，どんな図形が見えてきますか。

　Ｃ：私は，三角形が見えます。

　Ｃ：私は，三角形２つをまとめると，ひし形が見えます。

　Ｃ：私は，三角形６つをまとめると，六角形が見えます。

　Ｃ：三角形をまとめると，いろいろな図形が見えます。

　Ｔ：では問題です。「_____は　いくつありますか」

　Ｃ：何を求めるのか，決まっていません。

　Ｃ：さっき見えた図形の数を求めることならできます。

【「一つ分の大きさ」と「いくつ分」に着目し，乗法を用いて図形の総数を求める場面】

　Ｔ：問題文の空欄に入れる図形を自分で選びましょう。

　Ｃ：私は三角形にしよう。

　Ｃ：私はひし形にしよう。

　Ｔ：選んだ図形の数は，どのように求められますか。

　Ｃ：三角形に色を塗って数えれば，三角形の数が分かります。

　Ｃ：数えなくても，かけ算を使って求めることができます。

　Ｃ：三角形６つでまとまりができます。それが４つあるから６×４の式ができます。
　　　６×４＝24，三角形は24個あります。

　Ｔ：求めることができた図形の数を友達に紹介しましょう

　Ｃ：三角形は24個，ひし形は12個，台形は８個，六角形は４個あります。

【複数の乗法の式に表せることの妥当性を，学級全体で検討する場面】

　Ｔ：三角形は24個あるのですね。どのように求めましたか。

　Ｃ：私は，３×８＝24で求めました。

　Ｃ：私は，６×４＝24で求めました。

　Ｔ：同じ三角形の数を求めているのに，式がいくつもできてよいのですか。

　Ｃ：それぞれ，式の意味が違います。だから，式がいくつもできていいはずです。

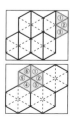

　Ｃ：３×８は，「一つ分の大きさ」が３で，「いくつ分」が８です。
　　　色を塗った三角形が「一つ分の大きさ」で，それが８つあるから，
　　　３×８＝24になります。

C：六角形が4つあります。その六角形の中に，三角形が6つあります。

「一つ分の大きさ」が6で，それが4つあるから，6×4＝24です。

	「一つ分の大きさ」	
台形	形	六角形
3	三角形の数	6

【乗法の式の意味と敷き詰め模様から考えたまとまりとの関連性を検討する場面】

T：三角形の数は，他にどんな式で求めることができますか。

C：三角形の数は24個なので，3×8を反対にした8×3で求められます。

C：6×4を反対にした4×6でも求められます。

C：4×6は，「一つ分の大きさ」にした矢印のような図形が6つ敷き詰められます。

C：8×3はこの模様に合いません。「一つ分の大きさ」の形が変わってしまいます。

C：「一つ分の大きさ」は，数も形も同じじゃないとまとまりと言えません。そのまとまりの中に三角形がいくつあるのか，そのまとまりが模様にいくつあるか，かけ算の式で求めることができます。

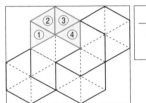

	「一つ分の大きさ」	
矢印	形	バラバラ
4	三角形の数	8

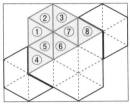

4 板書計画

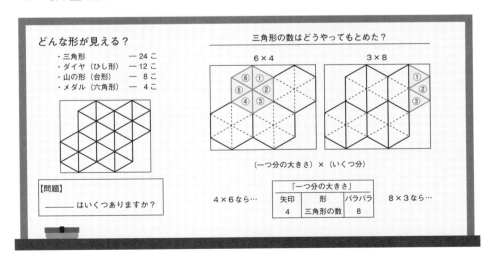

【参考文献】

片桐重男（1995）『数学的な考え方を育てる「乗法・除法」の指導』明治図書，pp33-41.

10

第2学年
かけ算（3）

かけ算九九を超える
計算はどうしたらいいかな？

1　簡単な場合の２位数と１位数との乗法の指導の要点

　　本単元は，これまで乗法について学んだ既有知識を生かして考えることが最大のポイントである。では，子供は乗法についてどんなことを学んだのであろうか。

　　子供はこれまでに，乗法は「一つ分の大きさ」が決まっているときに，その「いくつ分」にあたる大きさを求める場合に用いられることを学んでいる。ここでは乗法の意味を同じ数を何回も加える同数累加の表現として捉え，「一つ分の大きさ」×「いくつ分」＝「いくつ分かにあたる大きさ」と捉えている。また，「いくつ分」といったことを何倍とみることで，「一つ分の大きさ」の何倍にあたる大きさを求めることとも捉えている。

　　そして，乗法が用いられる場面を×の記号を用いた式に表したり，その式を読み取って図や具体物に表したり，式から場面や問題をつくったりすることを学んでいる。これにより，式の意味の理解を深め，記号×を用いた式の簡潔さや明瞭さを実感している。

　　その後，１から９の段の乗法九九の構成について学んでいる。ここでは，「乗数が１増えれば，積は被乗数分だけ増える」という関数的な見方や「交換法則」など，計算に関して成り立つ性質を子供が発見的に学ぶことが大切である。なお，新たな段の乗法九九を構成する際には，既有知識を組み合わせたり新たな段に適用したりして考えるようにして，子供が自ら乗法九九を創り出すようにしたい。

　　このような学びの経験を経て，本単元で簡単な場合の２位数と１位数との計算の仕方を考えていくことは，算数科の目標にある統合的・発展的に考察する力を養うことにつながる。また，既有知識を生かして考えることで算数を創り出す楽しさを実感したり，図や式，数などの数学的表現を用いて他者と数学的なコミュニケーションを図ったりすることができる。

2　この授業における工夫

アレイ図を段階的に提示することで，まとまりに着目させる

　　１から９の段までの乗法九九の構成を終えると，教師は子供が乗法九九を正確に暗唱し，乗法九九を身に付けたかに意識が向きがちになる。確かに，乗法九九の暗唱，つまり１位数と１位数との乗法の計算は，第３学年の多数桁の乗法や除法の学習の素地となる。一方で，乗法が用いられる場合とその意味について理解することも，今後

の割合や比例などの学習において大切になってくる。

　本時は簡単な場合の2位数と1位数との乗法（乗数が2位数の場合）の計算の仕方について考える場面である。ここでは，これまで学習してきた乗法九九の構成の仕方を生かした授業を構想したい。例えば，6×12と立式する場面で，6×12のアレイ図を一度に全部見せるのではなく，段階的に提示する。「一つ分の大きさ」となるまとまりに着目させるためである。

 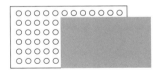 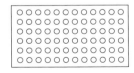

　子供は縦にアレイが6つ並んでいることを「一つ分の大きさ」となるまとまりと捉え，6の段でアレイ図の総数が求められるという見通しをもつ。そして，横に並んだアレイの数を「いくつ分」と捉え，6×12と立式するであろう。

(2) 既有知識を生かして考えた計算の仕方を，式と図とを関連付けて説明させる

　6×12と立式した後，子供はいろいろなやり方で計算の仕方を考える。例えば，同じ数ずつのものがいくつあるのかという，同数累加の考えで計算の仕方を考える。他にも，6×12＝6×9＋6＋6＋6とし，6×9の後も乗数が1増えると答えは6増えるというように関数的な見方で考える。すなわち，これらの計算の仕方は以下のようにもとづいている。

①同数累加	6×12＝6＋6＋6＋6＋6＋6＋6＋6＋6＋6＋6＋6
②関数的な見方	6×12＝6×9＋6＋6＋6
③分配法則	6×12＝6×9＋6×3
④結合法則	6×12＝（6×4）×3

　子供が発表した考えの妥当性を検討する際は，簡潔性や明瞭性などで序列をつけることなく，これまでの学習で得た既有知識を生かして考えていることを価値付けるようにしたい。これにより子供は考えた結果ではなく，既有知識を生かして考える過程そのものが大切であることを実感するだろう。そして，それぞれの考えを式で表したりアレイ図にかき込んだりして学級全体で共有する。式と図との関連といった，数学的な表現のつながりを大切にするためである。

3 本時の学習指導

1）ねらい

　乗法九九の構成で学んだ既有知識を生かして，簡単な場合の2位数と1位数との乗法の計算の仕方（乗数が2位数の場合）を考えることができる。

2）展開

【アレイ図を見て，乗法が用いられることを理解する場面】

T：箱にチョコレートが入っています。この箱の中にチョコレートはいくつありますか。

C：今見えているのは，6×2で12個です。

C：隠れているところがあるので，このままではいくつあるのか分かりません。

T：これならどうですか。

C：隠れているところも縦に6個ずつ並んでいれば，かけ算で求められます。

T：これならどうですか。

C：縦に6個ずつ並んでいて，それが12個あるからこのチョコレートは6×12で表せます。

C：でも，かける数が12なので，これまでのかけ算九九を超えています。

C：6×12のように，かけ算九九を超える計算はどうしたらいいのかな。

【自力解決のための見通しをもつ場面】

T：6×12の6や12は，図のどこにありますか。

C：線で囲んだ6個ずつのまとまりです。

C：このまとまりが12個あるということです。

T：では，このまとまりが9個あるという意味の点線では求められるということですね。

【既有知識を生かして計算の仕方を考え，それぞれの考えの妥当性を検討する場面】

C：6×12だから，6を12回たしました。…①

　　6＋6＋6＋6＋6＋6＋6＋6＋6＋6＋6＋6＝72 【同数累加】

C：6を12回たすのは面倒なので，横に見れば12個あるものが6段あるので，かける数とかけられる数を入れ替えて，12×6にしました。…②

　　6×12＝12×6　　12＋12＋12＋12＋12＋12＝72 【交換法則・同数累加】

C：6×9の後に，6を3回たしました。…③

　　6×12＝6×9＋6＋6＋6

　　6×9＝54　54＋6＋6＋6＝72　【関数的な見方】

C：6×12を6×9と6×3に分けて考えました。…④

　　6×12＝6×9＋6×3

　　6×9＝54　6×3＝18　54＋18＝72　【分配法則】

C：6×4が3つあると考えました。…⑤

　　6×12＝（6×4）×3

　　6×4＝24　24×3＝24＋24＋24＝72　【結合法則】

【それぞれの考えの関連性やよさを考える場面】

T：それぞれの考えに似ているところはありますか。

C：①と②が似ています。計算は大変になるけれど，たし算で求めることができます。

C：③と④が似ています。6×9まではかけ算九九で考えています。

C：④と⑤が似ています。6×12をそれぞれまとまりに分けています。

T：九九を超える計算の仕方を考えることができましたね。どの考えをいいなと思いましたか。

C：私は②と④を使いたいです。12×6＝6×12にします。

　　12を9と3とに分けて考えたら，簡単にできそうだからです。

C：私は⑤を使いたいです。

　　12を5と5と2に分けて，5×6と5×6と2×6にして計算します。

4　板書計画

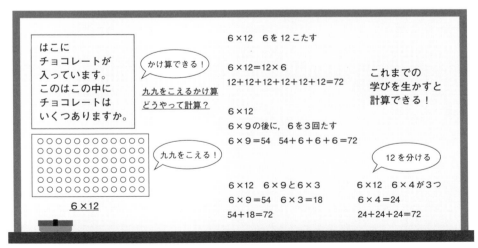

【参考文献】

中村享史（1993）『自ら問う力を育てる算数授業—新しい学力観と教師の役割』明治図書.

11

第2学年
かけ算（3）

学んだことを生かして
新しい九九表を作れるかな？

1 交換法則の指導の要点

　交換法則は「乗数と被乗数を交換しても積は同じになる」という計算に関して成り立つ性質である。ここでは，子供が乗法九九を構成したり観察したりすることを通して，乗法九九の様々なきまりを見つけるというように，子供が発見的に学ぶことを大切にしたい。さらに，子供が自ら交換法則を用いて考えるということも大切にしたい。

　例えば，2から5の段の乗法九九を構成した後，これらを並べることで子供が交換法則などの計算に関して成り立つ性質やきまりを見つけるだろう。教師が「きまりを見つけましょう」や「並べて書いてみましょう」と指示するのではなく，あくまでも子供が自ら発見するようにしたい。そこで「2の段（3・4・5の段も同様に）が書けるか，自分のノートで確かめてみましょう」と指示を出す。そして，教師はあえてそれぞれの段をきれいに並べて書く。こうすることで，学級の子供が黒板に書かれたものに眼差しを向け，自らきまりを見いだしていくだろう。

2・3・4・5のだんをならべてみると…			
2×1= 2	3×1= 3	4×1= 4	5×1= 5
2×2= 4	3×2= 6	4×2= 8	5×2=10
2×3= 6	3×3= 9	4×3=12	5×3=15
2×4= 8	3×4=12	4×4=16	5×4=20
2×5=10	3×5=15	4×5=20	5×5=25
2×6=12	3×6=18	4×6=24	5×6=30
2×7=14	3×7=21	4×7=28	5×7=35
2×8=16	3×8=24	4×8=32	5×8=40
2×9=18	3×9=27	4×9=36	5×9=45

　子供が自ら交換法則を用いて考えるのは，新たな段の乗法九九を構成する場面が考えられる。例えば，新たに8の段の乗法九九を構成する学習場面において，「8×2は2×8と同じになるはずだから，8×2＝16だ」というように，交換法則を用いれば既に学習した段の乗法九九の答えと同じになるというように考えていく。このように効率よく新たな段の答えが求められることのよさを実感させることで，子供は自ら交換法則を用いて考えていくだろう。

　どちらの学習場面においても，子供が交換法則に気付いたり交換法則を用いて考えたりという，子供の主体性が発揮されるようにしたい。

2　この授業における工夫

簡単な場合の2位数と1位数との乗法の問題場面を扱う

　前時に簡単な場合の2位数と1位数との乗法の計算の仕方を学習する。ここでは，2×11や7×12のように，乗数が2位数の乗法を扱う。子供は「2×10は2×9＋2，2×11は2×10＋2にすればいい」というような関数的な見方で考えたり，「2×11は2×9＋2×2だ」というように分配法則を用いて考えたりするだろう。

　そこで本時では，簡単な場合の2位数×1位数の問題を扱う。子供が前時の学びを生かして計算の仕方を考える姿を引き出すためである。

　子供は「12×3を3×12にすれば，昨日と同じように考えられる」という見通しをもち，計算の仕方を考えていく。このように，子供が自ら交換法則を用いて考えたくなるような問題場面を設定する。なお，交換法則を用いることなく，これまでの既有知識を生かして考えていく姿も見られるだろう。

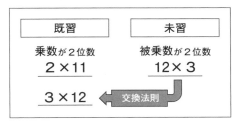

九九表を拡張する場面から交換法則を用いることのよさを実感させる

　子供にとっての交換法則のよさは，本時で扱う12×3という新しい問題をこれまで学んできたことが生かせるように変えられることだけでなく，考えることをなるべく少なくすることができることにある。つまり，作業の効率化である。それを実感させるために，本時では九九表を拡張する場面を扱う。

　子供は九九表を拡張させる際，全ての空欄を計算して求めることはしないだろう。なぜなら，交換法則を用いれば，計算することなく空欄を埋めていくことができるからである。ここであえて教師が計算をして空欄に当てはまる数字を一つずつ考えていく。すると子供は，「そんなことしなくてよい」「一つ空欄を埋めれば，もう一つも埋まる」「縦に並んだ数字と横に並んだ数字は同じにすればよい」と交換法則を用いて作業を効率化することを提案してくるのである。

3 本時の学習指導

1）ねらい

　簡単な場合の2位数×1位数まで拡張した九九表を，交換法則を用いて効率よく作成することができる。

2）展開

【簡単な場合の2位数×1位数の計算の仕方を考える場面】

> チョコレートが1はこに12こ入っています。
> 3はこあります。チョコレートは何こありますか。

T：箱を開けて数を確認しようと思います。

C：箱を開けなくても，かけ算を使えばチョコレートの数を求めることができます。

C：1箱に12個入っていて，それが3箱あるから，12×3です。

T：12×3は九九を超えているので，みんなは計算できないのではないですか。

C：昨日2×11や7×12の計算の仕方を考えたように，12×3だって計算できます。

C：$12 \times 3 = 12 + 12 + 12 = 36$

C：$12 \times 3 = 9 \times 3 + 3 \times 3 = 27 + 9 = 36$　　【分配法則】

C：$12 \times 3 = 3 \times 12 = 3 \times 9 + 3 + 3 + 3 = 36$　　【交換法則＆関数的な見方】

【分配法則】　　　　　　　　　　【交換法則 ＆ 関数的な見方】

C：学んだことを生かせば，九九を超えたかけ算も計算することができそうです。

【簡単な場合の2位数×1位数まで九九表を拡張する場面】

T：昨日の2×11と7×12の答えや，
　今日の12×3の答えを九九表に入れてみました。

C：空いているところがたくさんあります。

C：空いているところにも，数字を入れていけます。

C：新しい九九表を作って，パズルで遊びたいです。

T：それでは，この九九表の空いているところに数字を入れていきましょう。

	1	2	3	4	5	6	7	8	9	10	11	12
1	1	2	3	4	5	6	7	8	9			
2	2	4	6	8	10	12	14	16	18		22	
3	3	6	9	12	15	18	21	24	27			
4	4	8	12	16	20	24	28	32	36			
5	5	10	15	20	25	30	35	40	45			
6	6	12	18	24	30	36	42	48	54			
7	7	14	21	28	35	42	49	56	63			84
8	8	16	24	32	40	48	56	64	72			
9	9	18	27	36	45	54	63	72	81			
10												
11												
12			36									

C：2の段なら2ずつ，3の段なら3ずつ増やして
　　いけばいいから，横に数字を入れていけます。

	1	2	3	4	5	6	7	8	9	10	11	12
1	1	2	3	4	5	6	7	8	9	10	11	12
2	2	4	6	8	10	12	14	16	18	20	22	24
3	3	6	9	12	15	18	21	24	27			

C：10の段なら10ずつ増やせばいいです。
　　10×1＝10だから，20，30…と入れていけます。
　　11も12も同じようにできます。

	1	2	3	4	5	6	7	8	9	10	11	12
9	9	18	27	36	45	54	63	72	81			
10	10	20	30	40	50	60	70	80	90	100	110	120
11												
12			36									

【交換法則を用いて，表に数字を入れたことを別の見方で確かめる場面】

C：かけられる数とかける数を入れ替えても，答え
　　は変わりません。例えば4×12＝12×4（表の
　　○）です。だから，12×4には48を入れます。
C：4×12＝4×11＋4だから，48で合っているね。
C：横に並んだ数字と縦に並んだ数字は，順番が同
　　じになっている（表の矢印）はずだから，考えな
　　くても数字を入れていくことができます。

	1	2	3	4	5	6	7	8	9	10	11	12
1	1	2	3	4	5	6	7	8	9	10	11	12
2	2	4	6	8	10	12	14	16	18	20	22	24
3	3	6	9	12	15	18	21	24	27	30	33	36
4	4	8	12	16	20	24	28	32	36	40	44	(48)
5	5	10	15	20	25	30	35	40	45	50	55	60
6	6	12	18	24	30	36	42	48	54	60	66	72
7	7	14	21	28	35	42	49	56	63	70	77	84
8	8	16	24	32	40	48	56	64	72	80	88	96
9	9	18	27	36	45	54	63	72	81	90	99	108
10	10	20	30	40	50	60	70	80	90	100	110	120
11	11	22	33	44	55	66	77	88	99	110	121	132
12	12	24	36	(48)	60	72	84	96	108	120	132	144

C：空いているところを一つずつ考えていかなくて
　　も，一つできれば，もう一つもできるみたいな感じで，どんどん数字を入れてい
　　けます。
C：11を横に見ていくと，11ずつ増えていくから，数字が正しいことが分かるね。
T：これで新しい九九表パズルで遊ぶことができますね。

4 板書計画

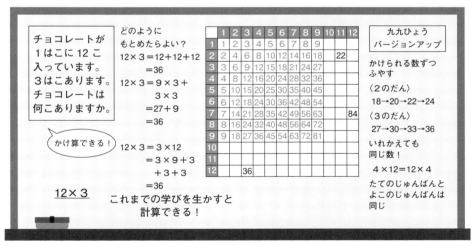

【参考文献】
片桐重男・古藤怜（1980）『新算数科指導法辞典』明治図書.

12

第3学年
3桁のたし算とひき算

たし算の筆算は
なぜ「位を揃える」のかな？

1 3桁以上のたし算の学習の要点

　2年生では，2桁±2桁の筆算を学習する。当然，3年生で学習する3桁±3桁の学習は，2桁±2桁の筆算が既習事項となる。よって，本単元において行いたいことは，2桁±2桁と3桁±3桁の筆算の統合ということになる。

　2桁±2桁と3桁±3桁の違いは，桁数が増えたことである。そして，共通点は「位を揃える」ということである。筆算というのは，十進位取り記数法に基づいた仕組みとなっているため，「位を揃える」ということが不可欠となる。

　小学校学習指導要領解説算数編（文部科学省，2018）によると，十進位取り記数法とは，「それぞれの位を単位とする数が10になると次の位に進み，10に満たない端数がそれぞれの位の数字として表されることと，位置によってその単位の大きさを表す数が示されるということから成り立っている。位ごとに異なる記号を用いるのではないところにその特徴がある。」とされている。

　筆算を行うために表す数というのは，十進位取り記数法に基づいて表されている。よって，子供が数を表す際，最初から位が揃った状態で数を表す（下図左）。例えば，398＋176であれば，以下のように表す。しかし，十進位取り記数法を意識せず，位を揃えずに下図のように表してしまう子供もいる（下図右）。

$$398 \qquad\qquad 398$$
$$+176 \qquad\qquad +\ \ 176$$

　右のような書き方をする子供に対して「位を揃えましょう」という指導を行ったとしても，「なぜ，位を揃えるのか？」ということを子供が理解するのは難しい。形式的に指導しても，「位を揃える」という方法だけを覚えてしまい，将来（特に分数の加減）の学習につなげていくことができない。そうならないように，「位を揃える」ということが，何をしていることなのか理解できるようにしたい。

　「位を揃える」ということが，何をしていることかを考えるためには，この学習の前に，加法・減法の原理を理解しておく必要がある。たし算（ひき算）とは，同種同単位のものについて考える（杉山2008）という原理がある。要するに，「位を揃える」というのは，「単位を揃える」ということをしているのである。そこに気付くことができれば，2桁±2桁と3桁±3桁が同じ仕組みであることを統合するだけでなく，1年生から学習してきたたし算とひき算も含め，全てのたし算とひき算を「単位を揃える」という数学的な見方で統合することができるのである。

2 この授業における工夫

「位を揃えるとは，何をしていることなのか」を問う

　本授業は単元の導入である。しかし，「筆算は位を揃えて書く」ということは既習事項なため，多くの子供は，桁数が大きくなっても位を揃えて筆算を書くだろう。もちろん，既習事項が身に付いていない子供もいるため，位を揃えずに書いてしまう子供もいる。もし，位を揃えずに筆算を書いた子供がいたら，その間違いを活かし，筆算を修正していくような授業を行えばよい。子供から出なければ，教師から位の揃っていない筆算を提示して「なぜ，位が揃っていないといけないのか？」と問いたい。

　下の筆算であれば，左が正解である。そこで，右のような筆算を提示すると「答えが違っている」と言う子供が多い。しかし，それは結果であり，位が揃っていないと筆算ができない理由ではない。

```
  398            398
+176          +  176
─────         ──────
 574           4156
```

　ここで，加法・減法の原理に立ち返ってみる。下の板書の求大の問題を見てもらいたい。「みかんが3こあります。りんごはみかんよりも2こ多いです。りんごはいくつありますか。」という問題である。3＋2＝5と答えるのだが，最初，「3はみかんの数」「2はみかんより多いりんごの数」「5はりんごの数」と答える。ここで，みかんの数とりんごの数はたせないことに気付かせ，どうすれば「3はりんごの数」と考えられるようになるのかを考えるのである。そして，「3は，みかんと同じ数のりんごの数」ということに気付かせていくのである。さらに，2桁±2桁の筆算も振り返り，「位を揃える」ということが，「単位を揃える」ことをしていることに気付かせていくのである。

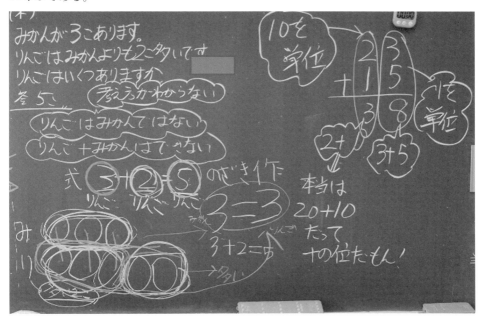

3　本時の学習指導

1）ねらい

　　3桁＋3桁の筆算の仕方を考え，既習のたし算の考え方と統合することができる。

2）展開

【位を揃えないと筆算ができないことを確かめる場面】

T：398＋176を筆算で解くことはできますか？

C：2桁＋2桁のときと同じように，位を揃えて書けば解くことができます。

$$
\begin{array}{r}
398 \\
+176 \\
\hline
574
\end{array}
$$

T：位を揃えないで，こうやって筆算をしてはいけないですか？

$$
\begin{array}{r}
398 \\
+\ \ 176 \\
\hline
\end{array}
$$

C：398＋176なのに，この筆算だと3980＋176になってしまいます。

C：筆算の途中の8＋7の8は10が8個という意味で，7は1が7個という意味なの
　　に，答えの15というのは何が何個あることなのかよく分かりません。

【位を揃えるとは，何をしていることなのかを考える場面】

T：位を揃えないと筆算で出した答えの意味がよく分からなくなってしまいました
　　ね。結局，位を揃えるというのは，何をしていることなのでしょうか。

C：う～ん。位を揃えないと筆算ができないのは分かりますが，何をしていると言
　　われても分からないです。

T：では，1年生と2年生のたし算の学習も振り返ってみながら，位を揃えること
　　について考えてみましょう。まずは，1年生のたし算から振り返ってみます。こん
　　な問題は解けますか？

　　【問題】　みかんが3こあります。りんごはみかんよりも2こ多いです。
　　　　　　　りんごはいくつありますか。

C：3＋2＝5　りんごは5個です。

T：では，この式の3と2と5は，それぞれ何を表した数ですか？

C：「3はみかんの数」「2はみかんより多いりんごの数」「5はりんごの数」です。

$$
\underset{(みかん)}{3}\quad+\quad\underset{(りんご)}{2}\quad=\quad\underset{(りんご)}{5}
$$

C：これはおかしいです。5は答えだから，りんごの数です。だから，3はりんご
　　の数でないとおかしいです。みかん3個とりんご2個をたしても，りんご5個
　　にはなりません。

C：図で考えると，3がりんごの数ということが分かります。

みかん ◯◯◯
りんご ◯◯◯◯◯

　こう考えると，3は「みかんと同じ数のりんごの数」と考えられます。

C：たし算は，同じもの同士でないとたせないという約束がありましたね。

T：そうでしたね。同じものというのは，算数では，単位と言います。だから，たし算は「同じ単位同士でないとたせない」と言えますね。2年生で学習した2桁＋2桁の筆算では，この約束を使っていますかね。

$$
\begin{array}{r}
2\,3 \\
+\ 1\,5 \\
\hline
3\,8
\end{array}
$$

C：一の位の3＋5は1が単位，十の位の2＋1は10が単位になっています。

C：十の位の2＋1は，本当は20＋10をやっているけれど，10を単位にしているから，2＋1をしているんだね！

【位を揃えるとは，何を揃えていることなのかを考える場面】

C：3桁＋3桁も同じで，同じ単位同士で，たし算をしているね！

$$
\begin{array}{r}
3\,9\,8 \\
+\ 1\,7\,6 \\
\hline
5\,7\,4
\end{array}
$$

　一の位の8＋6は1が，十の位の9＋7は10が単位，百の位の3＋1は100が単位になっています。位ごとに同じ単位同士になっているから，たし算ができます。

C：位を揃えることで，単位を揃えることができるんですね！

4　板書計画

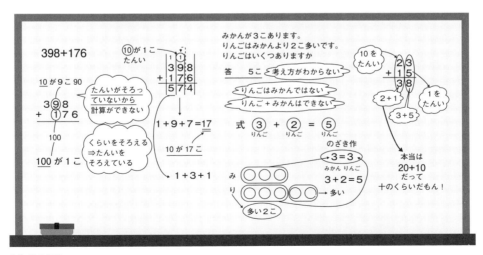

【参考文献】

文部科学省（2018）『小学校学習指導要領解説　算数編』日本文教出版，P105.

杉山吉茂（2008）『初等科数学科教育学序説』東洋館出版社，P112.

13

第3学年
たし算とひき算のきまり

どんな工夫をすると
暗算しやすくなるかな？

1 たし算とひき算のきまりの要点

　たし算とひき算のきまりは，より簡潔に計算をする方法を見つけ出すために有効なものである。また，算数・数学を学習するための基礎となる内容でもある。何より，形式的に計算をするだけでなく，自ら問題に働きかけ，よりよい解法を見つけようとする姿勢を養うことにもつながる。

　まず，たし算のきまりとして主に扱いたいきまりは，$a+b=(a+c)+(b-c)$，もしくは，$a+b=(a-c)+(b+c)$ というものである。具体的な計算だと，以下のようになる。

```
37      +    45     =82        37     +     45      =82
↓＋3        ↓－3                ↓－5        ↓＋5
40      +    42     =82        32     +     50      =82
```

　次に，ひき算のきまりとして主に扱いたいきまりは，$a-b=(a+c)-(b+c)$，もしくは，$a-b=(a-c)-(b-c)$ というものである。具体的な計算だと，以下のようになる。

```
64      −    28     =36        64     −     28      =36
↓＋2        ↓＋2                ↓－8        ↓－8
66      −    30     =36        56     −     20      =36
```

　第2学年よりたし算とひき算の筆算を学習するが，筆算を学習すると，どんなたし算やひき算でも筆算で形式的に計算する子供が増える。筆算をすることは悪いことではないが，よりよい解法について考えなくなってしまうことはもったいないことである。本来であれば，筆算で解くのは，暗算ができないときである。まずは，「暗算でできないかな？」と考えることが大切である。たし算やひき算のきまりを使うと，一見，筆算でないと難しいような計算でも，暗算がしやすくなる。暗算しやすくするためには，たし算であれば繰り上がりがない計算，ひき算であれば繰り下がりのない計算にすることである。

2 この授業における工夫

「どうすれば，繰り上がり，繰り下がりのない計算にできるのか」を問う

　本時は，特設単元であり，3桁±3桁の筆算の学習が済んだ後に行うことを想定している。たし算・ひき算の筆算の仕方に十分に慣れた後，形式的に筆算を使っている

子供に対して，今一度，自ら計算に働きかけることのよさを実感できるようにしたい。

　まず，2桁＋2桁の式を提示して，「暗算でできますか？」と問う。最初は，23＋40や34＋25のように，すぐに暗算ができる数値を提示する。その際，「繰り上がりがないから暗算がしやすい」ということに気付かせていく。その上で，37＋48のように，繰り上がりのあるたし算を提示し，「なんとか暗算がしやすくならないか？」と考えるのである。その際，「繰り上がりがないような数に変形できないか？」という視点をもって考えさせたい。

　次に，2桁－2桁の式を提示し，たし算のときと同様に，暗算ができるかどうかを問うていく。最初は，繰り下がりのない56－20や67－36など，すぐに暗算ができる数値を提示する。そして，64－28のように，繰り下がりのあるひき算を提示し，「繰り下がりのないような数に変形できないか？」と考えたい。最初にたし算のきまりを扱っているので，多くの子供はたし算のきまりと同様なきまりを使おうとする。例えば，下のような使い方である。

```
64      −      28      ＝36
↓− 2           ↓＋ 2
62      −      30      ＝32
```

　しかし，答えが違ってしまい，たし算のきまりと同様ではできないことに気付く。このとき，なかなか子供だけでは乗り越えることが難しいことが予想される。その場合，教師から「もう少し小さい数で考えてみましょう」と投げかけてみる。例えば，12－9である。答えがすぐに3と分かる。

　答えを保証すれば，ひき算のきまりも見つけやすくなる。まず，9を10にしたいと思った子供は次のように考えるだろう。12－9と13－10の式を見直して，被減数と減数に＋1をしていることに気付くことができる。

```
12      −      9       ＝3

13      −      10      ＝3
```

　このとき，数字だけでひき算のきまりを理解するのではなく，図を使って理解することも忘れないようにしたい。12－9の被減数と減数に＋1をしているということは，図で表すと以下のようになる。

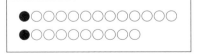

　12と9にそれぞれ＋1をしているところが●である。12と9に，それぞれ1をたしても，差の3は変わらないということが，図を示すことによって分かりやすくなる。その上で，64－28をひき算のきまりを使って，暗算がしやすい数に変形できるのかを考えるのである。

3 本時の学習指導

1）ねらい

　たし算とひき算のきまりを使って，暗算がしやすい計算にする方法を考えることができる。

2）展開

【たし算のきまりを使って，繰り上がりのない計算に変える方法を考える場面】

Ｔ：23＋40や34＋25は暗算をすることはできますか？

Ｃ：23＋40＝63で34＋25＝59です。

Ｔ：すぐにできましたね。では，37＋48はどうですか？

Ｃ：さっきの２つは繰り上がりがなかったけれど，37＋48は繰り上がりがあるから暗算しにくいです。

Ｔ：なるほど，繰り上がりがあると暗算がしにくいんですね。何か工夫をして繰り上がりのない計算にできたら暗算がしやすいですね。

Ｃ：48を50にしたら簡単になりそうです。

Ｃ：48を50にするなら，37を35にしないと答えが変わってしまうよ。

Ｔ：どうして答えが変わってしまうの？

Ｃ：例えば，4＋6だったら答えは10なのに，6を8にしたら，4＋8＝12になってしまいます。だから，4を2にしないといけない。

Ｔ：こういうことかな？

$$
\begin{array}{ccccccc}
37 & + & 48 & =85 & \quad & 4 & + & 6 & =10 \\
\downarrow-2 & & \downarrow+2 & & & \downarrow-2 & & \downarrow+2 & \\
35 & + & 50 & =85 & & 2 & + & 8 & =10
\end{array}
$$

Ｃ：たされる数からひいた数だけ，たす数にたさないと答えが変わってしまうね。

Ｔ：29＋34だったらどうしますか？

Ｃ：これは，29に1をたして，34から1をひくといいと思います。

$$
\begin{array}{cccc}
29 & + & 34 & =63 \\
\downarrow+1 & & \downarrow-1 & \\
30 & + & 33 & =63
\end{array}
$$

【ひき算のきまりを使って，繰り下がりのない計算に変える方法を考える場面】

Ｔ：たし算は工夫をすると暗算がしやすい計算にすることができましたね。ひき算でも工夫して暗算がしやすい計算にすることができるかな？ まずは，56－20や67－36は，すぐに暗算ができますか？

Ｃ：56－20＝36で67－36＝31です。

Ｃ：これは繰り下がりがないからすぐに暗算ができます。

Ｔ：64－28はすぐに暗算ができますか？

Ｃ：これは，繰り下がりがあるから，難しいです。

Ｃ：たし算のときに使った工夫をやれば簡単にできると思います。

```
64      −      28
↓− 2          ↓＋2
62      −      30    ＝32     だから答えは32です。
```

C：でも，64−28を筆算でやってみたら，答えは36だったよ。

C：たし算のときに使った工夫は，ひき算では使えないね。

T：繰り下がりのない計算にするためのひき算の工夫はないですかね。

C：たし算のときにも小さい数でやって見つけられたから，小さい数で調べてみる
　　と分かるかもしれません。

T：そうですね。例えば，12−9ならどうですか？

C：9を10にしたら繰り下がりがなくなって暗算がしやすくなります。12−9＝3だ
　　から，13−10になれば簡単です。

C：こうやって見てみると，ひかれる数とひく数に1ずつたしているよ。

```
12      −      9      ＝3
↓＋1          ↓＋1
13      −      10     ＝3
```

C：図でかくと，なんでこうなるのか分かるよ。

差が変わらない

　　12と9にそれぞれ＋1をしているところが●だから，13−10にしても，差の3は
　　変わらないということです。

C：じゃあ，64−28は，ひかれる数とひく数にそれぞれ2をたせば，繰り下がりが
　　なくなって，暗算がしやすい計算にできるね。

```
64      −      28     ＝36
↓＋2     ↓＋2
66      −      30     ＝36
```

4　板書計画

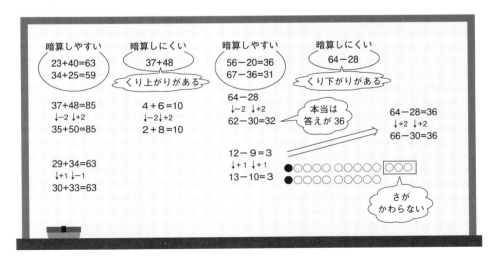

第3学年
小数のたし算

どうしたら整数に
することができるの？

1　小数の加減の学習の要点

　小数の加減というのは，小数を整数にすることで，既習である整数±整数にできる。まさに，既習を使うことで解決することができるのである。そこで大切になるのが，小数を整数にするための数学的な見方である。

　例えば，0.2＋0.3の場合「0.1を1とみる」ことで，0.2＋0.3を2＋3と考えることができる。そして，答えの5が「0.1が5つ」とみることで，0.5と答えを出すことが可能となる。

　0.2＋0.3は小数＋小数であり，子供にとっては未習である。しかし，「0.1を1とみる」という数学的な見方を働かせることで，2＋3という既習である整数＋整数に戻すことで解決できるようになる。よって，小数の加減の学習において「〜を1とみる」という数学的な見方が，学習を進めていくための根本となるのである。

　その上で，加法・減法の原理を見つけ出すことが大切である。加法・減法の原理は，本書において何度も紹介しているが，加減における最も重要な数学的な見方である。

　加法・減法の原理を見つけ出すためには，既習の加減と小数の加減の計算の仕方を見比べ，共通点を見つけることが必要である。見比べるべき既習の加減として，何十±何十，何百±何百等がある。例えば，次のような場合である。

　　・20＋30　　　　「10を1とみる」　　→2＋3
　　・200＋300　　　「100を1とみる」　　→2＋3

　それぞれのたし算は，自分で「〜を1とみる」ことによって，どれも2＋3にすることができる。

　また，余裕があれば，量の加減について扱うこともよい。例えば「2mと3cmをたすとき，2＋3ができない」ということを見せて，「どうして2mと3cmはたすことができないのか？」ということの理由について考えると，「数だけでなく，量のたし算のときも，同種同単位のものでないと，たし算はできない」ということに気付きやすくなる。

　加減において「〜を1とみる」という数学的な見方を働かせる目的は，単位を揃えるためである（割合の学習における「〜を1とみる」という数学的な見方を働かせる

目的とは異なる）。よって，小数の加減の学習における要点は「〜を1とみることによって，単位を揃えている」という数学的な見方を働かせるとともに，「統合的に考える」という数学的な考え方を働かせ，「既習の加減の学習と見比べて，加法・減法の原理をまとめる」ということである。

2　この授業における工夫

「どうやって考えれば，整数にできるのか」を問う

　本時は，小数のたし算の仕方を学習した上で，既習であるたし算と小数のたし算を見比べる。0.2＋0.3は，「0.1を1とみる」ことによって，既習である整数のたし算にすることができる。この「0.1を1とみる」という数学的な見方は，多くの子供にとって，無意識に行っていることである。なぜなら，0.2＋0.3という計算も，小数の学習の最初に行うものではないからである。ここに至るまで，「1を10等分したものを0.1という」ことや「0.1を2個集めた数を0.2という」ということを学習してきている。よって，子供は無意識に「0.1を1とみる」という数学的な見方を働かせて，0.2＋0.3を2＋3＝5と計算して，「5は0.1が5つという意味だから，答えは0.5だ」と考えているのである。このような子供が無意識に行っていることを顕在化させることが，本授業における工夫となる。

　具体的に言えば「0.2＋0.3を，どうやって2＋3にしたの？」と子供に問うことである。しかし，子供にとって，言語化することは難しい。そこで，以下のような式を提示してみるとよい。

$$0.2 \;+\; 0.3 \;= 0.5$$
$$\downarrow \qquad\; \downarrow \qquad\; \uparrow$$
$$2 \;+\; 3 \;= 5$$

　この式を見ながら，「この2はどういう意味なの？」「この3はどういう意味なの？」と，整数にした式の中にある数の意味を問うのである。すると，「2は0.1が2個ということ」「3は0.1が3個ということ」という言葉が子供から少しずつ出されていく。その上で，「0.2を2に変えるために，何を使ったか分かるかな？」と問うのである。すると，「0.1を使って，0.1がいくつなのかを考えた」と，自分が考えたことを言語化できるのである。

　子供から「0.1を1とする」という表現が出されることを期待することは難しいであろう。例えば「0.1がいくつか」という言葉であれば出されるかもしれない。その場合は，教師が補足して「みんなが考えていることは，『0.1を1とみる』と言うんだよ」と言ってあげることも大切である。

3 本時の学習指導

1）ねらい

小数＋小数の加法の仕方を考え，既習のたし算の考え方と統合することができる。

2）展開

【0.1 を 1 とみることによって，小数＋小数ができることを理解する場面】

T：0.2＋0.3の計算の仕方を説明できますか？

C：0.2は0.1が 2 個で，0.3は0.1が 3 個だから，合わせて0.1が 5 個になります。だから，答えは0.5になると考えました。

T：式に表してみると，こういうことかな？

$$0.2 \; + \; 0.3 \; = 0.5$$
$$\downarrow \qquad \downarrow \qquad \uparrow$$
$$2 \; + \; 3 \; = 5$$

この 2 と 3 はどういう意味か分かりますか？

C：この 2 は0.1が 2 個，この 3 は0.1が 3 個という意味です。だから，この 5 は0.1が 5 個っていう意味になります。

T：なるほどね。ということは，小数＋小数というのは，「0.1を 1 とみる」ことによって，整数にして計算したんですね。

C：小数＋小数はそのまま考えることは難しいけれど，整数にすることによって計算ができるようになります。

【既習のたし算との共通点を考え，加法・減法の原理を考える場面】

T：今日，小数＋小数でみんなが使った「0.1を 1 とみる」という考え方は，今までのたし算でも使ったことはありますか？

C：使ったことがあるような気がするけれど，どんなときに使ったのか覚えていないなぁ。

T：では，前に学習したたし算でも使ったのかを考えてみましょう。例えば，20＋30だったらどうですか？

C：使っていないと思います。だって，20＋30は，10が 2 個と10が 3 個を合わせて，10が 5 個で50って考えているから「10を 1 とみる」と考える。だから，「0.1を 1 とみる」と考えて計算していません。

C：でも，「0.1を 1 とみる」というのと「10を 1 とみる」というのは，似ていると思います。

T：確かに似ていますね。では，200＋300ならどうですか？

C：これは，100が 2 個と100が 3 個を合わせて，100が 5 個で500って考えています。

C：これは「100を 1 とみる」と考えています。

C：全部同じだと思います！だって，0.2＋0.3は「0.1を1とみる」，20＋30は「10を1とみる」，200＋300は「100を1とみる」と考えているので，全て「○○を1とみる」と考えています。

T：本当ですね。小数＋小数，何十＋何十，何百＋何百は，全て「○○を1とみる」という考え方を使っていますね。

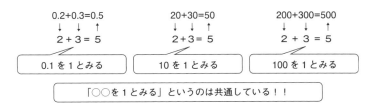

C：3000＋4000とか，もっと大きい数のたし算でも同じように考えられます。「1000を1とみる」と3＋4＝7で7は1000が7つだから7000って，考えることができる。

C：それなら，ひき算も同じように考えることができると思います。

C：60－40なら，「10を1とみる」と，6－4＝2だから，答えが20って分かります。

T：この「○○を1とみる」という考え方を使えば，小数や大きな数のたし算だけでなく，ひき算もできそうですね。

4 板書計画

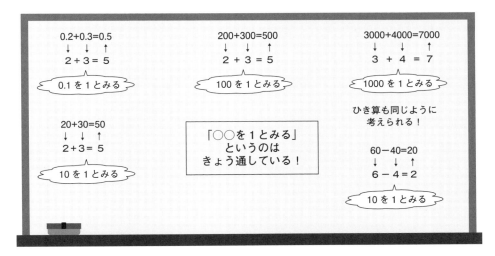

15

第3学年
分数のたし算

小数のたし算と
分数のたし算の共通点は？

1 同分母分数の加減の学習の要点

　同分母分数の加減というのは，小数の加減との共通点に気付かせることが重要である。教科書によっては，同分母分数の加減の学習が先で，小数の加減が後の場合もある。どちらにしても，小数の加減と同分母分数の加減の共通点を意識することが，本単元の重要なポイントである。同分母分数の加減の計算の仕方を理解するだけでは十分ではないことを理解しておく必要がある。

　まずは，同分母分数の計算の仕方を考える。例えば，「$\frac{2}{10}$L のジュースと $\frac{3}{10}$L のジュースを合わせると何 L になりますか」という問題を扱ったとする。この場合，小数が既習であれば，$\frac{2}{10}$L は0.2L，$\frac{3}{10}$L は0.3L なので，$0.2+0.3=0.5$ となり，0.5L が答えであることが保証される。0.5L は $\frac{5}{10}$L だということも分かるので，$\frac{2}{10}+\frac{3}{10}$ が $\frac{5}{10}$ になることも保証される。その上で，分数を小数に直さず，分数のままでたし算をするのであれば，どうやって計算をするのかを考えるというのが最初の展開となる。このときに，$\frac{1}{10}$ を単位にすれば，$2+3=5$ と考えることができ，$\frac{1}{10}$ が 5 つ分なので，$\frac{5}{10}$ と考えることができるとまとめる。ここまでが，同分母分数のたし算の計算の仕方を考える展開である。

　その上で，小数のたし算と同分母分数のたし算の共通点を考える。小数と同分母分数のたし算の共通点というのは，「同単位同士のたし算にしている」という点である。0.2+0.3であれば，0.1を単位にすることによって，$2+3$ という整数のたし算に帰着することができる。$\frac{2}{10}+\frac{3}{10}$ も，$\frac{1}{10}$ を単位にすることによって，$2+3$ という整数のたし算に帰着することができる。小数であれば「0.1を 1 とみる」，分数であれば「$\frac{1}{10}$ を 1 とみる」ことによって，整数のたし算に帰着することができる。よって，小数のたし算と同分母分数のたし算の共通点というのは「○○を 1 とみる」ことによって，「整数のたし算に帰着することができる」ことである。そして，$\frac{2}{7}+\frac{4}{7}$ など，単位が $\frac{1}{10}$ 以外の同分母分数のたし算も扱うことで，「分数は様々な単位がある」ということにも気付かせていくのである。

　その上で，すぐに単位を見つけることができる簡単な異分母分数のたし算についても考えることで，たし算全体の共通点に目を向けさせていきたい。

2　この授業における工夫

小数と同分母分数のたし算の共通点を問い，たし算の共通点を問う

　本時は，同分母分数の計算の仕方を学習した後に，小数と同分母分数のたし算の共通点を考えるという時間として設定する。小数と同分母分数のたし算の共通点は，「同単位同士のたし算にしている」という点であるが，この共通点を子供だけで気付くことは難しい。そのために，小数と同分母分数のたし算を見比べる必要がある。

　$0.2+0.3$であれば「0.1を1とみる」，$\frac{2}{10}+\frac{3}{10}$であれば「$\frac{1}{10}$を$1$とみる」ことで，ともに$2+3$という整数の計算に帰着することができる。よって，「どちらも○○を1とみる」ことで「整数の計算にすることができる」ため，そのままではできない計算もできるようになる。この「○○を1とみる」ことで「整数の計算にすることができる」ということは，本単元の最も重要な学習内容である。その上で，同分母分数のたし算では，「1とみる」単位が様々あることにも気付かせていく。

　まずは，以下のように小数と同分母分数のたし算を比較して共通点を見つける。

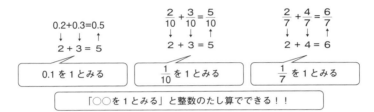

　そして，小数も同分母分数も「○○を1とみる」ということをすれば単位が揃い，整数のたし算にして計算することができるということを理解させる。

　3年生の段階では，以上の学習を行えば十分であるが，もし余裕があれば，簡単な異分母分数のたし算にも少し触れさせたい。例えば，$\frac{1}{2}+\frac{1}{4}$はどうだろうか。最初，子供は「$\frac{1}{2}$を1とみる」か「$\frac{1}{4}$を1とみる」と考えることが予想される。しかし，$\frac{1}{2}$と$\frac{1}{4}$では単位が揃っていないため，単位を揃えようと考え始める。そこで，

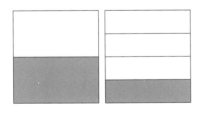

左のような図を使って，単位分数である$\frac{1}{4}$を見つけるのである。

　異分母分数のたし算は第5学年で学習するが，同分母分数のたし算が既習であるため「どうやって分母を揃えるのか」ということに思考が向かってしまう。通分や同値分数も既習のため，「分母を揃えて，同分母分数のたし算にする」というのが目的になってしまう。本来であれば，加法・減法の原理に基づき，「どうやったら単位を揃えることができるか」と考えてほしい。通分や同値分数を未習の3年生の段階でこそ，子供の思考は単位を揃えることに向かいやすくなる。よって，3年生で同分母分数のたし算を学習した延長で，簡単な異分母分数のたし算に触れることは，将来の異分母分数の学習で，単位を揃えることに思考を向かわせるための素地となると考える。

3 本時の学習指導

1）ねらい

　同分母分数同士の加法の仕方を考え，既習のたし算の考え方と統合させ，単位を揃えることで加法ができることを理解する。

2）展開

【「○○を1とみる」ことによって，整数のたし算にできることを理解する場面】

C：$\frac{2}{10} + \frac{3}{10}$ は「$\frac{1}{10}$ を1とみる」ことで，2＋3＝5と考えることができます。

C：2＋3＝5の5は，$\frac{1}{10}$ が5個ということだから，答えは $\frac{5}{10}$ になります。

T：では，$\frac{2}{7} + \frac{4}{7}$ だったら，何を1とみると計算できますか？

C：これは，$\frac{1}{7}$ を1とみれば，2＋4＝6とできます。

T：$\frac{2}{10} + \frac{3}{10}$ と $\frac{2}{7} + \frac{4}{7}$ は分数は違うけれど，どちらも整数にして計算することができましたね。「○○を1とみる」という見方を使って，前にも，そのままではできない計算をした学習があるのを覚えているかな？

C：小数のたし算のときも「0.1を1とみる」ということで，整数にして計算することができました。

C：小数は0.1，分数は $\frac{1}{10}$ や $\frac{1}{7}$ を1とみれば，整数のたし算にすることができるので，計算することができます。

【たし算に共通するのは，単位を揃えるということを振り返る場面】

T：これまでの小数と分数のたし算の共通点を探してみましょう。

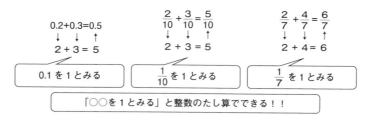

C：他の分数でもできるよ。$\frac{4}{9} + \frac{3}{9}$ だって，「$\frac{1}{9}$ を1とみる」と，4＋3＝7と計算して，この7は $\frac{1}{9}$ が7個ということだから，答えは $\frac{7}{9}$ になります。

T：こうやって，たし算のときは「○○を1とみる」ことによって，そのままではできない計算を，整数のたし算に変えることで計算をすることができます。このとき，1とみた○○のことを，単位と言います。単位というのは，1とみるもののことです。

C：小数だったら，0.1が単位ということだね。

C：分数だったら，$\frac{1}{10}$ や $\frac{1}{7}$ のことです。

T：そうですね。だから，「○○を1とみる」ということは，単位を揃えることをしているということです。そして，単位を揃えることによって，何ができるようになるのか分かるかな？

C：整数のたし算にできるので，計算ができます。

C：小数のときもそうだったけれど，ひき算もできると思います。

【単位が異なる分数のたし算があることに触れる場面】

T：他にもどんな分数のたし算ができそうですか？

C：$\frac{6}{7} + \frac{5}{7}$ とかもできそう。

C：でも，$\frac{1}{2} + \frac{1}{4}$ みたいに，単位が揃っていないときはたし算ができないのかな？

T：この分数のたし算は，今日やった分数のたし算と何が違うか分かるかな？

C：さっきやった分数のたし算は，分母が同じ数だったけれど，このたし算は，分母が2と4で違っています。

T：そうですね。何を1とみて計算すればいいですね？

C：$\frac{1}{2}$ は $\frac{1}{2}$ が1個だから，$\frac{1}{2}$ かな？

C：$\frac{1}{4}$ は $\frac{1}{4}$ が1個だから，$\frac{1}{4}$ じゃないかな？

C：$\frac{1}{2}$ と $\frac{1}{4}$ だと，どちらを1とみていいか分からないなぁ。

T：この問題を図に表すと，こんな図になりますね。この図を見ると，何を1とみればいいか分かるかもしれませんよ。

C：この図を見ると，$\frac{1}{2}$ は $\frac{2}{4}$ とも言えるから，$\frac{1}{4}$ を単位にすればできるような気がします。

T：いいところに気付きましたね。実は，こうやって単位が違う分数のたし算もあるんですよ。もしよかったら，計算の仕方も考えてみると面白いですよ。

4 板書計画

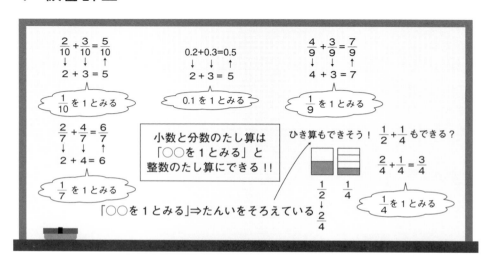

16

第3学年
3桁と2桁のかけ算

先生のかけ算の答えは
合っているかな？

1 ３位数×２位数の計算の指導の要点

　第２学年で乗法九九を学習した後，第３学年では２位数×１位数や２位数×２位数，そして３位数×２位数の計算の仕方を学習する。ここでは，数のまとまりに着目し，乗法九九などの基本的な計算をもとにして計算の仕方を考えていく。そのため，分配法則を活用し，既習の計算の仕方を用ればよいことを理解することが大切になる。

　まず，23×4のような２位数×１位数の計算の仕方について学習する。ここでは，被乗数の23を20＋3とみて，20×4＋3×4という基本的な計算をもとにしてできることを理解する。

$$23 \times 4 = (20 + 3) \times 4$$
$$= 20 \times 4 + 3 \times 4$$
$$= 80 + 12$$
$$= 92$$

【２位数×１位数】被乗数を分解

　次に，23×12のような２位数×２位数の計算の仕方について学習する。ここでは，乗数の12を10＋2と，位ごとに分解する。これにより，既習である２位数×１位数の計算の仕方を用いることができるようになる。

$$23 \times 12 = 23 \times (10 + 2)$$
$$= 23 \times 10 + 23 \times 2$$
$$= 230 + 46$$
$$= 276$$

【２位数×２位数】乗数を分解

　そして，345×21のような３位数×２位数の計算の仕方について学習する。ここでは２位数×２位数の計算と同じように，乗数の21を20＋1と，位ごとに分解する。これにより345×21＝345×20＋345×1となり，被乗数

$$345 \times 21 = 345 \times (20 + 1)$$
$$= 345 \times 20 + 345 \times 1$$
$$= 6900 + 345$$
$$= 7245$$

【３位数×２位数】乗数を分解

が３位数であっても，これまでと同じように乗法九九などの基本的な計算をもとにして考えることができる。

　このようにして，分配法則を活用し，既習の計算の仕方を用ればよいことを理解していく。言い換えれば，未習であっても既習の計算の仕方をもとにして考えることができることを学んでいくのである。

　なお，このように計算の過程の意味を考えていくことにより，筆算はそれを形式的に表現したものであると子供が捉えることが大切である。その上で，形式に沿ってスムーズに計算できるようにする。

2 この授業における工夫

教師が計算した2位数×2位数の答えを確かめさせる

　本時は，3位数×2位数の計算の仕方を，2位数×2位数の筆算から類推して考えさせる。導入では，1から5までの5枚の数字カードにより乗法の式をつくり，計算の練習をする場面を設定する。そして，「先生がやってみた計算の丸付けをしてみよう」と2位数×2位数の乗法とその答えを提示し，教師が計算した結果を確かめさせる。既習である2位数×2位数の計算について，丸付けという目的をもって筆算させるためである。

　このように，導入で計算の練習をする場面を設定することが，終末において子供が自ら3位数×2位数の問題を作り計算の練習をすることにもつながっていく。

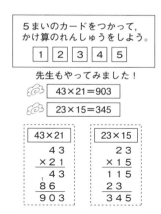

2位数×2位数の筆算と3位数×2位数の筆算とを比べさせる

　筆算は，分配法則により乗数を分解して部分積を求めており，それを形式的に表現したものであることを理解することが大切である。そこで，2位数×2位数の筆算と3位数×2位数の筆算とを比べさせる。

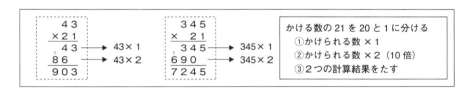

　これにより，3位数×2位数の筆算が同じように乗数を分解してそれぞれの積（部分積）を求め，それらを合わせればよいことが分かる。そして，このことを□や矢印を使ってまとめる。

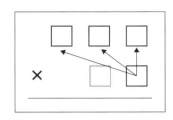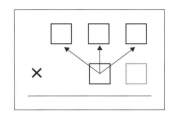

　このようにして，子供は3位数×2位数の計算においても，数のまとまりに着目し，乗法九九が適用できるように乗数を分解すること，部分積を求めてそれらの計算結果を合わせればよいことを理解する。その上で，形式に沿ってスムーズに筆算できるようにしていく。

3 本時の学習指導

1）ねらい

3位数×2位数の計算について，既習を生かして計算の仕方を考え，筆算をすることができる。

2）展開

【丸付けの活動を通して，2位数×2位数の筆算の仕方を振り返る場面】

> 5まいのカードをつかって，
> かけ算のれんしゅうをしよう。
> 1 2 3 4 5

> 先生もやってみました！
> 43×21＝903
> 23×15＝345

> | 43×21 | | 23×15 | |
> |---|---|---|---|
> | | 43 | | 23 |
> | × | 21 | × | 15 |
> | | 43 | | 115 |
> | 86 | | 23 | |
> | 903 | | 345 | |

T：先生もかけ算の練習をしてみました。丸付けをしてください。

C：筆算をして答えを確かめてみます。

C：43×21は…43×1＝43，43×20＝860　43＋860＝903

C：43×21＝903　正解です。

C：23×15は…23×5＝115，23×10＝230　115＋230＝345

C：23×15＝345　正解です。

【3位数×2位数の計算の仕方の見通しをもつ場面】

T：5枚の数字カードを全部使ってかけ算の練習をしようと思います。
　　どんな式ができますか。

C：123×45，231×54，543×21，453×12…いろいろな式ができます。

T：（3桁）×（2桁）の計算はやったことないけれど，できそうですか。

C：きっとできます。（2桁）×（2桁）の計算の仕方を生かせばいいと思います。

C：かける数を十の位と一の位に分けて計算すればいいと思います。

T：では，345×21の計算を考えてみましょう。

【既習を生かして計算の仕方を考え，考えの妥当性を検討する場面】

C：345×21の21を20と1に分けて考えました。

　　345×21＝345×（20＋1）＝345×20＋345×1

　　まず345×1＝345です。

　　次に345×20は345×2をしてその答えを10倍します。

　　345×2＝690　10倍するから6900

　　最後に345＋6900＝7245だから，345×21＝7245になります。

C：私は，これまでのように筆算をしてみました。

まず，345×1＝345…①

次に，345×20＝6900…②

最後に，345＋6900＝7245…③

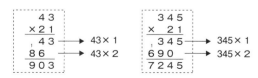

【2位数×2位数の筆算と3位数×2位数の筆算とを比べる場面】

T：私が計算した43×21の筆算とみんなが考えた345×21の筆算とを比べましょう。

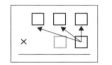

C：どちらもかける数の21を20と1に分けて計算しています。

C：どちらも筆算の仕方は同じです。

まず，かけられる数×1をする。次に，かけられる数×2をする。最後にたす。

T：（3桁）×（2桁）の筆算は，かける数を十の位と一の位とに分け，

それぞれを計算してからたせばよさそうですね。

C：123×45は45を40と5に分けて計算しよう。

123×45＝123× 5 ＋123×40＝615＋4920＝5535

4 板書計画

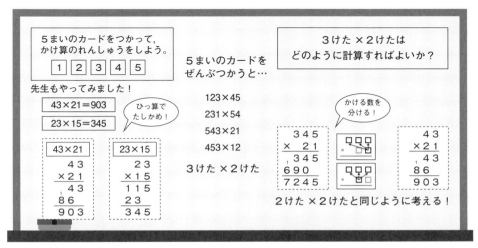

【参考文献】

片桐重男（1995）『数学的な考え方を育てる「乗法・除法」の指導』明治図書.

新算数教育研究会編著（2011）『リーディングス 新しい算数研究1 整数の計算』東洋館出版社.

17

第3学年
わり算の意味

分けるとはどういうことかな？

1　除法の意味の指導の要点

　本単元は，除法が用いられる場面を考えさせることを通して，除法には包含除と等分除の２つの意味があることを理解させることが大切である。そして，それら２つの意味を統合し，どちらも同じ除法の式で表すことができることを理解させたり，除法が乗法の逆算であると捉えさせたりすることがポイントである。

　小学校学習指導要領解説「算数編」では，包含除と等分除について，次のように説明されている。

（ア）除法が用いられる場合とその意味

　除法が用いられる具体的な場合として，大別すると次の二つがある。

　一つは，<u>ある数量がもう一方の数量の幾つ分であるかを求める場合</u>で，包含除と呼ばれるものである。他の一つは，<u>ある数量を等分したときにできる一つ分の大きさを求める場合</u>で，等分除と呼ばれるものである。

　　　　　　　　　　　～中略～

　包含除と等分除を比較したとき，包含除の方が操作の仕方が容易であり，「除く」という意味に合致する。また，「割り算」という言葉の意味からすると等分除の方が分かりやすい。したがって，除法の導入に当たっては，これらの特徴を踏まえて取り扱うようにする必要がある。

　包含除と等分除のどちらから導入するべきなのか。「除く」という意味と「分ける」という操作の容易さを重視して包含除から導入することもあるだろうし，「割り算」という言葉の意味から「等分する」というイメージをもちやすい等分除から導入することもあるだろう。

　どちらから導入したとしても，２つの意味を統合することが必要である。そこでは，包含除の操作をもとに等分除を捉えようとすることで除法の意味を拡張したり，等分除と包含除という２つの意味を，操作が似ているところやどちらも乗法九九を用いて答えを求めているところなどから，同じ除法としてまとめたりしていくことが考えられる。

2 この授業における工夫

条件不足の問題場面を提示し，これまでの「分ける」という行為を想起させる

　本時はわり算について学習する最初の時間である。そのため，これまでに経験した「分ける」という行為を想起させることで，わり算が生活のどのような場面で用いられる計算であるのかということに意識を向けさせたい。

　生活における「分ける」という行為は，必ずしも同じ数ずつ「分ける」わけではない。例えばお菓子を配るとき，子供には大人よりも多く配ることがある。また1人分は決まっているが，何人に配れるのかがはっきりしていないこともある。そこで「12個のアメをみんなで分けましょう」という条件不足の問題場面を提示する。これにより子供は，「何人に分けるのか」「何個ずつ分けるのか」「そもそも同じ数ずつ平等に分けるのか」などと問いをもち，これまでの「分ける」という行為から，問題場面に不足している条件を設定していくだろう。なお，ここでは，子供たちの素朴な発想を大切にし，問題場面から感じたことを自由に表現させたい。

子供が自分なりの方法で追究する機会を設ける

　包含除（いくつ分を求める）の問題場面と，等分除（一つ分の大きさを求める）の問題場面とがあることを確認した後，どちらも子供に自分なりの方法で追究させたい。例えば「おはじきを動かして考えましょう」や「式に表しましょう」など，自力解決の場面で具体的な方法の指示をしない。これは，子供一人一人の経験や分かりやすさを大切にするためである。

　予想される方法は次のようなものがある。

---

① おはじきなどを用いて操作する
② （包含除の場合）同数累減の考えにより，ひき算で求める
③ 乗法九九や□を用いた式で考える
④ わり算について既に知っており，12÷4と立式する

---

　①から③については，既習を活かして考えている姿であり，④は既にわり算を予習している姿である。本実践では④については扱っていないが，こうした子供に対して，「わり算はまだ学習していないので，別の方法で考えましょう」と指示するのではなく，「この計算がどういうことなのか，みんなに説明する準備をしましょう」と指示することで，既習とのつながりについて考えさせたい。また，どのように追究したらよいか，解決への見通しをもてない子供への支援として，「どのようなやり方で考えたらよいか」と問うことも考えておきたい。

　なお，本時では12÷4＝3という式を提示するところまでは想定していないが，実態に合わせて子供の姿を予想することで，本時の学習のゴールをどこに決めるのかが変わってくるだろう。

3 本時の学習指導

1）ねらい

　これまでに経験した「分ける」という行為から，わり算が用いられる場面について考えることができる。

2）展開

【条件不足の問題を提示することで，「分ける」経験を想起させる場面】

> 12このアメを，みんなで分けましょう。
> ○○○○○○○○○○○○

T：12個のアメがあります。みんなで分けましょう。

C：先生，これだけではよく分かりません。

C：聞きたいことがあります。

T：どんなことが聞きたいのですか。それはなぜですか。

C：みんな同じ数になるように分けるのですか。そうじゃないと，アメを多くもらえる人やアメを少ししかもらえない人が出てしまうからです。

C：何個ずつ分けるのか知りたいです。
　　例えば給食でシュウマイを分けるとき，1人分が2個ずつとかあるからです。

C：何人に分けるのか知りたいです。
　　例えばトランプでカードを配るとき，何人に配るのか決まっているからです。

【包含除（いくつ分を求める）の問題場面について考える場面】

T：では，4個ずつ分けるとどうな
るでしょうか。

> 12このアメを，みんなで分けましょう。　4個ずつ
> ○○○○○○○○○○○○　┊○○○○┊

C：おはじきをアメだとして，4個ずつ分けてみよう。

このように，3人に配れます。

C：12個から4個ずつひいていけばいいから，ひき算をしていけばよいです。
　　12－4＝8，8－4＝4となるから，3人に配れます。
　　式をまとめると，12－4－4－4＝0となります。

C：12個のアメが「全部の数」，4個ずつを「一つ分の大きさ」，「いくつ分」が分からないから□にして考えてみます。

　　「一つ分の大きさ」×「いくつ分」＝「全部の数」
　　　　　4　　　　×　　□　　＝　　12

　　この式は4の段の九九と考えればいいから，4×3＝12で□は3になります。
　　だから，3人に配れます。

【等分除（一つ分の大きさを求める）の問題場面について考える場面】

T：では，同じ数ずつ4人に分けるとどうなる
　　でしょうか。

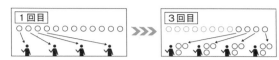

C：おはじきをアメだとして，1個ずつ配っていこう。

4人に分けると，1人分は3個になりました。

C：さっきと同じように□を使ってかけ算をします。

「一つ分の大きさ」×「いくつ分」＝「全部の数」
　　　□　　　　×　　4　　＝　　12

□×4は4×□と同じだから，□は3になって1人に3個ずつ配れます。

【それぞれの問題場面を比べる場面】

T：12個のアメを分けるのに，「4個ずつ分ける」と「4人に分ける」の2つの場面
　　で考えてみました。似ているところはありますか。

C：どちらも4という数字が出てきます。

C：「4個ずつ分ける」ときは3人，「4人に分ける」ときは3個ずつ。
　　どちらも答えが3になります。

C：どちらもかけ算を使って考えることができます。

T：今日みんなで考えたことは，わり算という新しい計算につながっていきます。

C：先生，わり算って聞いたことあります！

4　板書計画

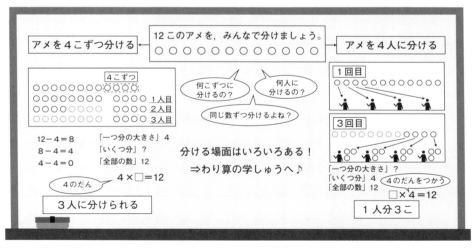

【参考文献】

片桐重男（1995）『数学的な考え方を育てる「乗法・除法」の指導』明治図書.

新算数教育研究会編著（2019）『改訂新版　講座算数授業の新展開3　第3学年』東洋館出版社.

第3学年
かけ算の暗算

どうやって暗算しているのかな？

1　暗算の指導の要点

　計算の指導において，基礎的な四則計算が正確にできるようにすることが重要であるのは間違いない。だからといって，多くの時間を筆算の練習に費やしてはいないだろうか。「筆算で正確に計算できるようにさせたい」という教師の思いが大きくなるほど，他の大事なことに目が向かなくなっていないだろうか。

　基礎的な計算技能として，筆算をどの程度まで学習させ，練習させる必要があるのかということは以前より問題になっていることである。さらに，GIGAスクール構想による1人1台端末が実現したことで，子供はいつでも電卓を用いて計算することができる環境になった。こうした状況だからこそ，筆算で正確に計算できることだけでなく，筆算のアルゴリズムを作っていく過程や数の合成・分解など，数についての感覚（数感覚）を豊かにすることを重視した計算の指導を行っていくべきである。そこに，暗算の指導が大きな意味をもつと考える。

　暗算は日常生活で頻繁に行われる。暗算には答えを素早く求めることができたり，答えを見積もったりすることができるよさがある。そんな暗算の指導では，数についての感覚を豊かにすることがポイントになる。具体的には，分配法則や結合法則など既習事項を用いて，まとまりを見いだすことにより，できるだけ簡単に処理する経験を積ませたい。そのために，数の構成を可視化した図を用いて，数の構成に着目して問題を捉えさせることが大切である。

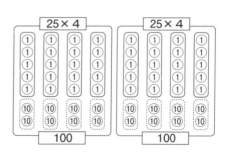

数の構成を可視化した図

2 この授業における工夫

筆算で計算する仕方と暗算で計算する仕方を比較させる

　本時の導入では，２位数×１位数の式をフラッシュカードのようにして提示する。これまで筆算の計算の仕方を考え，その習熟を図ってきた子供は，本時においても筆算で答えを求めようとするだろう。そこで教師はカードを提示後すぐに計算できたことを伝える。すると子供は，暗算の方が早く答えを求められることから，暗算で計算しようする。このように，「暗算で計算しましょう」と指示を出すのではなく，子供に「暗算で計算したい」という気持ちをもたせる工夫を大切にしたい。

　暗算で計算した後，「筆算で計算する仕方と暗算で計算する仕方の同じところ（違うところ）はどこですか」と問い，筆算で計算する仕方と暗算で計算する仕方とを比較させる。子供は，どちらも分配法則を用いて十の位と一の位に数を分解していることや乗法九九を用いて計算すればよいことが同じであることに気付くだろう。また，筆算は一の位から，暗算は十の位から計算するという違いに気付くだろう。違いを問うことで，暗算は早く計算できるというよさだけでなく，計算の結果の見積もりを行うことができるということも理解させたい。

数の構成を可視化した図により，結合法則を用いてまとまりを見いださせる

　暗算で計算することのよさを実感した子供に，「25×8」「37×15」を暗算で計算しようと提示する。どちらも結合法則を用いることで，簡単に計算することができる問題である。

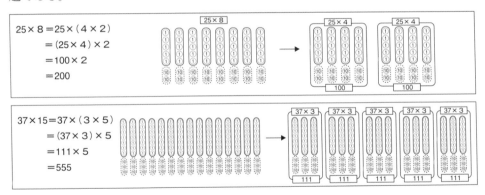

$$25 \times 8 = 25 \times (4 \times 2)$$
$$= (25 \times 4) \times 2$$
$$= 100 \times 2$$
$$= 200$$

$$37 \times 15 = 37 \times (3 \times 5)$$
$$= (37 \times 3) \times 5$$
$$= 111 \times 5$$
$$= 555$$

　特に「37×15」は２位数×２位数であるため，多くの子供は暗算で計算することができないと考えるだろう。そこで，数の構成を可視化した図を提示する。これにより子供は，先ほど計算した「37×3」をまとまりとすると，「37×15」はそのまとまりが５つあるということが図を見て捉えられる。このように，数の構成を可視化した図により，結合法則を用いてまとまりを見いださせることで，２位数×２位数であっても暗算できることを実感させたい。

3 本時の学習指導

1）ねらい

2位数×1位数や2位数×2位数について，分配法則や結合法則を用いることで暗算できることを理解する。

2）展開

【暗算で計算することのよさに気付き，筆算と暗算とを比べる場面】

T：計算をしましょう（フラッシュカードのように4つの式を提示する）。

C：筆算を使って計算しよう。

T：はい，私はもう答えが出ました。

C：え，先生はもう答えが分かったんですか。早すぎます。

C：先生はきっと暗算で計算しているんだと思います。筆算をするよりも暗算の方が早く計算できます。

T：どうやって暗算していると思いますか。

C：かけられる数を十の位と一の位に分けて計算していると思います。

　25×2だったら，20と5に分けます。

　20×2＝40，5×2＝10だから，40＋10＝50です。

C：じゃあ37×3だったら，30と7に分ければよいです。

　30×3＝90，3×7＝21だから，90＋21＝111です。

T：筆算で計算する仕方と暗算で計算する仕方を比べてみましょう。

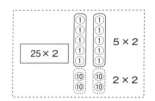 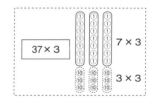

　同じところはどこですか。違うところはどこですか。

C：同じところは，かけられる数を十の位と一の位に分けて計算するところです。

C：違うところは，筆算は一の位から，暗算は十の位から計算するところです。

【結合法則を生かして暗算することのよさを実感する場面】

T：では暗算で計算してみましょう。

25×8 　 37×15

C：（25を十の位と一の位に分けてから，十の位から計算してすればいいから…）

　　$20 \times 8 = 160$，$5 \times 8 = 40$だから，$160 + 40 = 200$です。

C：25×8 は25×4 と25×4になるので，

　　$25 \times 8 = 25 \times 4 \times 2$になります。

　　25×4を大きなまとまりにしています。

　　$25 \times 4 = 100$だから，$25 \times 8 = 100 \times 2 = 200$です。

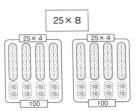

C：この方法ならとても簡単に計算することができます。

C：37×15はかける数も2桁の数なので，暗算で計算するには難しそうです。

C：25×8と同じように，37×15の15も分けたらいいかもしれません。

C：37×10と37×5に分けられます。これなら暗算できそうです。

　　$37 \times 10 = 370$，$37 \times 5 = 185$だから$370 + 185 = 555$です。

C：暗算で計算することはできるけれど，この計算は難しいです。

C：15を3×5だとすると，

　　$37 \times 15 = 37 \times 3 \times 5$になります。

　　こうすると，37×3のまとまりが

　　5つできます。$37 \times 3 = 111$なので，

　　$37 \times 15 = 111 \times 5$になります。

　　答えは555です。

C：大きなまとまりをつくれば，暗算で計算できそうです。

4 板書計画

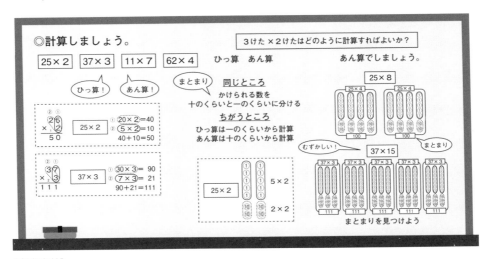

【参考文献】

平岡忠・伊藤説朗（1991）『新・算数指導実例講座3 数と計算［中学年］』金子書房.

0 を入れると分かりやすい？

1 第4学年の「小数」の位置づけ

　第4学年の「小数」は，前学年の小数第1位から範囲を広げて，小数第2位，3位の小数を扱う。小数も整数と同じように十進位取り記数法で表されていることを理解させて，小数の加減について学習する。整数と対比させ，小数も0.1，0.01，0.001と位が単位となって，数の大きさをつくっていることを理解させる。

　加減については，整数と同じように位を揃えて計算できることや位が単位を表していることを，位取り表や数カードの図などでつかませていきたい。そのため，桁数が揃っていない問題を意図的に扱いたい。例えば，第3学年における 4－1.8などの問題は既習である。位を揃える筆算と，右端に揃える誤答を取り上げ，比較しておくとよい。4年生でも同様に位を揃えて考える必要のある問題を扱い，位が単位を表していることや，繰り上がり繰り下がりは10のまとまりで単位を変えていくことを，図や言葉で表現させていきたい。

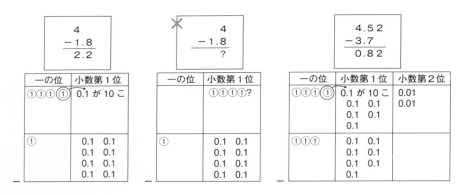

　4.52－3.7の計算においては，3.7の末尾に0を入れて4.52－3.70として計算をすればよいという考えがある。これは，0.01を単位としたときに452－370と考えることで整数の計算に帰着している。これを方法として終わらせるのでなく，単位の考えを意識できるようにしたい。小数の加減計算を形式で終わらせないためには，その前の小数の大小比較の学習で，単位を意識して数を捉える機会を設けておきたい。

2 この授業における工夫

整数の大小比較と小数の大小比較を対比させて，単位に目を向けさせる

本時は，液量や長さで小数第2位・第3位まで拡張した後の，大小比較の学習である。整数と小数を対比させることを通して，各位の単位を意識させる。そこで，

| 5つの数を大きさの順番が分かるように表しましょう。 |

と問題を提示し，次の5枚のカードを適当に黒板に貼る。

| 4302 | | 432 | | 425 | | 44 | | 43 |

整数の大小比較は，4年生には容易である。等号・不等号（＝，＞，＜）で表したり，位取り表に表したりして大小が比べられることを説明する。大きい位から数を見ていくと，数の大小が判断できる。

整数			
千	百	十	一
4	3	0	2
	4	3	2
	4	2	5
		4	4
		4	3

小数			
一	小1	小2	小3
4	3	0	2
4	3	2	
4	2	5	
4	4		
4	3		

位取り表をもとに，整数の大小を比較できたら，カードに小数点を書き入れる。

| 4.302 | | 4.32 | | 4.25 | | 4.4 | | 4.3 |

はじめは整数のときと同じ順番と思っている子もいる。しかし，位取りを意識すると大きさの順番が変わることが分かる。また，4.32 と 4.3 はどちらが大きいかについて迷う子もいる。小数は，はしたの数を表すことから導入しているため，小数第2位の数字があることで，数が小さくなるという誤概念をもっている子もいる。こうした問いを解決するために，小数の仕組みや位取り記数法に着目させて，単位のいくつ分で捉えさせていく。

先に述べたように，小数の空いた位の欄に0を入れることで比べられるという意見が出る。ここで，整数と比較することで，「整数は1を単位としていくつあるのかを表していた」「0.001を単位とすることで，整数と同じように大小関係を比べやすくなる」ことに気付かせていく。

こうした学習を行うことで，小数の加減の学習でも単位を意識して計算の仕方を説明する子供が増える。

3 本時の学習指導

1）ねらい

整数と小数の大小比較を通して，整数は1を単位に，小数は0.1，0.01，0.001など
を単位にして数を構成していることに気付くことができる。

2）展開

【整数の大小比較を位取り表で比べる場面】

T：5つの数を大きさの順番が分かるように表しましょう。

432 4302 44 43 425 （次の5枚のカードを適当に黒板に貼る）

C：カードの端を揃えて並べれば分かるよ。

C：4302＞432＞425＞44＞43　と表せます。

C：それもいいけれど……（黒板に表を書こうとする）。

T：（一度止めて）何を書こうとしているか分かる？　続きを先に書いてみよう。

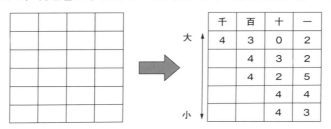

C：大きい位から見ると，大きい数が分かる。

C：百の位が同じところは，その下の位を見ると大きさが分かります。

T：位取り表で整理すると，位ごとに大きさを比べられますね。

【小数の大小比較に問題を変えて，位取り表で比べる場面】

T：では，小数点を入れると大きさの順番はどうなりますか？

4.302 4.32 4.25 4.4 4.3

C：同じでしょ……あれ？　変わりそうです。

C：位取り表に入れて考えます。

　（自力解決の時間をとり，下の反応を探す）

C：4.3と4.32と4.302の大きさ比べに迷っている。

C：4.302と比較しやすくするために，4.300や4.320など0を付けている。

C：位取り表で正しく大小関係を表現している。

C：整数のときと順番が変わったね。

T：迷っている子もいたけれど，どの数字で迷ったか想像つきますか？

C：4.4と4.25は小数第1位を見ると分かるけれど，残りの3つは小数第1位が3な
　　ので迷うと思います。

整数			
千	百	十	一
4	3	0	2
	4	3	2
	4	2	5
		4	4
		4	3

小数			
一	小1	小2	小3
4	4	0	0
4	3	2	0
4	3	0	2
4	3	0	0
4	2	5	0

【各位の単位に着目して，数の大きさを捉えていく場面】

Ｔ：4.302と4.32と4.3は，どのように比べるとよいのかな？

Ｃ：4.32は，1が4個，0.1が3個，0.01が2個で，
　　4.3は，1が4個，0.1が3個，だから，4.32の方が0.01，2個分だけ多いです。

Ｃ：4.302は，1が4個，0.1が3個，0.001が2個だから　4.32＞4.302＞4.3です。

Ｔ：位ごとにいくつ分か考えると位ごとの数字で大きさを比べることができるね。

Ｃ：位取り表の空いているところに0を入れると（上の表に追加）分かりやすい。

Ｃ：どういうことですか？

Ｃ：右側が揃うので，整数と同じようになりました。

Ｔ：整数のときは，4302や432は，何を単位に表した数でしたか？

Ｃ：整数は1が4302でした。だから，小数は0.1がいくつで表せます。

Ｃ：違うよ。0.001じゃない？　4.4は0.1が44個。0.01が440個。0.001が4400個。

Ｃ：4.32は0.001が4320個だから0.001がいくつで整数のように比べられます。

Ｔ：整数は1を単位に表していましたね。4.400，4.320，4.300，4.250と0を入れることで，0.001を単位にして大きさを表すことができますね。そして，小数の各位の大きさを考えるとよいですね。

4 板書計画

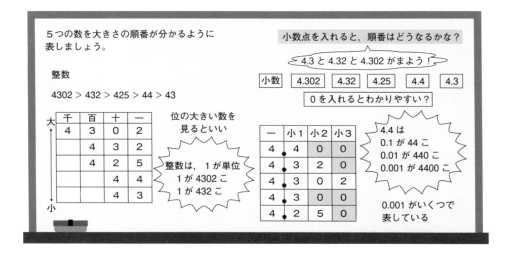

第4学年
分数

比べるために何を揃えたのかな？

1 第4学年の「分数」の位置づけ

　第2学年では分割の操作を通して，元の1を等分した大きさを表す分数を学習した。続く第3学年では，はしたの量や等分した量を分数で表現した。さらには，分数の数としての認識を高めるために，長さや液量で表したり，簡単な同分母同士の計算をしたりしている。第4学年では，次のことを学習する。

① 1より大きい分数を仮分数，帯分数で表す
② 仮分数を帯分数に，帯分数を仮分数に表し直す
③ 分数の大きさを数直線に表し，同じ大きさの分数，同分母分数，同分子分数の大きさを比べる
④ 仮分数や帯分数を含む分数のたし算とひき算をする

　そして，第5学年では，異分母分数で，単位を揃えることを通して加減ができることを学習する。そのために，第4学年の「分数」の指導では，基準とする単位と，その単位のいくつ分で大きさを表しているという，数としての分数の理解を深めることに重点をおく。

　以前，上述の④の指導において，帯分数を含むひき算を次のように計算している子供を見たことがある。

$$3\frac{2}{3} - 1\frac{1}{3} = \frac{11}{3} - \frac{4}{3} = \frac{7}{3} = 2\frac{1}{3}$$

　この子供は，仮分数に直せばいつでも計算できると思っていたのであるが，整数は1を基準とする単位と，$\frac{1}{3}$ を基準とする単位の計算として捉えられていないのであろう。下のように，整数と分数の基準とする単位の違いを意識できていることは，4年生の分数の計算として目指す姿であろう。

$$3\frac{2}{3} - 1\frac{1}{3} = (3 - 1) + (\frac{2}{3} - \frac{1}{3}) = 2\frac{1}{3}$$

　また，5年生の異分母分数のたし算・ひき算において，単位を意識させるためには，③，④の指導において，同分子分数の比較を，単位を意識させて図にかく活動が大切である。現行の教科書では，分母の違う数直線を上下に並べて，目盛りを頼りに大きさを比較する。分母が同じ分数は，分子の大きさが大きくなるほど，分数の大き

さは大きくなる。また，分子が同じ分数
は，1を分ける数（分母）が大きくなれ
ば，分数の大きさが小さくなっていくこと
を数直線でつかんでいく。

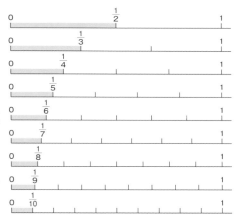

　しかし，それぞれを数直線で比べるだけ
では，分数の単位を意識して大きさを比較
する学習にはならない。比較するために，
基準の1を意識した図を作っていく過程を
丁寧に扱い，分数の単位の重要性に気付か
せたい。

2　この授業における工夫

図をかくことを通して，「基準の1」と「単位分数」の大きさを意識させる

　本時は導入の2時間目である。仮分数と帯分数の表現を学んだ後に，「$\frac{5}{4}$ と大きさ
の比べやすい分数」をイメージさせる。仮分数で提示することで帯分数のイメージを
もたせ，基準の1を意識させる。カードに書き残し，分子や分母が同じものを整理し
ていく。子供は次のような分数を出していった。

・整数　$\frac{4}{4}$

・同分母分数　$\frac{1}{4}$，$\frac{2}{4}$，$\frac{3}{4}$ など

・同分子分数　$\frac{5}{3}$，$\frac{5}{8}$ など

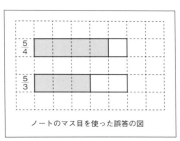

ノートのマス目を使った誤答の図

　そして，大きさを比べるときに図に表現する活動
を入れる。単位を意識するのは同分子分数との比較
の場面である。ノートのマス目を使って図をかかせ
ると，元の1や単位分数の大きさを意識せずに，右
のように図をかいてしまう。下の板書は，図を修正していく過程で，元の1を揃えな
いと比べられないことや，単位分数が大きさを比べるために重要であることに気付い
ていった授業のものである。こうした過程を通して，単位を意識して分数の大きさを
捉えられるようになっていく。

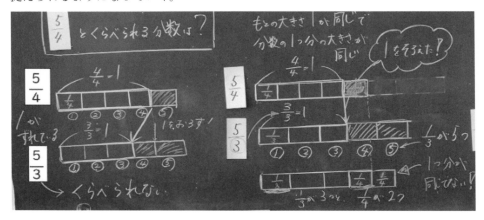

3 本時の学習指導

1) ねらい

同分子の分数の大きさを図で比べる活動を通して，分数が元の1と単位分数のいくつ分で表されていることの理解を深める。

2) 展開

T：$\frac{5}{4}$と大きさの比べやすい分数として，分子が同じ$\frac{5}{3}$という分数が出ていました。ノートにテープ図をかいてどちらが大きいか表しましょう。

【ノートにかいた同分子分数の図の単位が揃っていないことに気付かせる場面】

T：図をかいていて，少し困ったことがあった人，発表できますか。

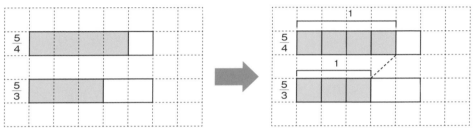

C：大きさが同じではないのに，同じになってうまくかけませんでした。

C：$\frac{1}{4}$が5つ分と，$\frac{1}{3}$が5つ分になっているね。

C：$\frac{1}{4}$と，$\frac{1}{3}$が同じ大きさになっているね。

C：元の1の大きさが同じではないから，うまくいかなかったのだと思います。

T：どうして元の大きさの1を同じにしないといけないのかな？

C：1がずれていたから，比べられない（矢印右図のように書き込む）。

C：円の図でかいたとしたら，元の大きさを同じにするでしょ。

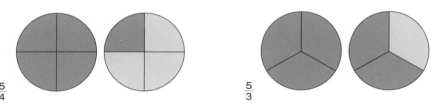

【図を修正していく中で，元の1の大きさや単位分数を揃えていく場面】

T：元の1の大きさがずれていたのですね。テープ図のどこを変えればいいのかな？

C：$\frac{5}{4}$の1に合わせて，$\frac{5}{3}$に線をおろして，それを3等分する（右図）。

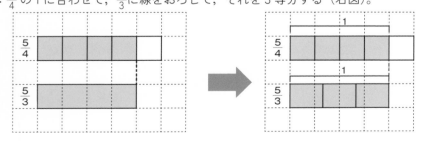

T：元の１を揃えた図をかけたかな？　そしたらあとは簡単ですね。

（$\frac{5}{3}$の１の続きに，$\frac{5}{4}$の単位分数の大きさを書き足して意図的に左図の誤答を出す）

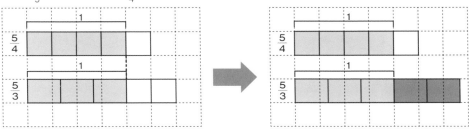

C：なるほど。

C：ちょっとおかしくない？

T：おかしいって言っている人がいるけれど，どこのことを言っているの？

C：ここの部分だよ（$\frac{5}{3}$の１より大きいテープを指さしをさせる）。

T：何がおかしいのか，話し合ってみよう。

C：１までは$\frac{1}{3}$が３つだけど，１の続きが$\frac{1}{4}$が２つになっている。

C：１つ分が同じになってない。

C：$\frac{1}{3}$が５つにしないと$\frac{5}{3}$にならない。

T：$\frac{1}{3}$を単位にして，$\frac{1}{3}$が５つ分ということだね。

【同分子分数を比較するとき，２つの単位を揃えたことをまとめる】

T：$\frac{5}{4}$と$\frac{5}{3}$を比べるために，テープ図では何を揃えていましたか？

C：元の１の大きさと，それぞれの分数の何分の１の大きさを揃えていました。

C：分母が同じときは，そのまま分子で比べられたけれど，分子が同じときは，単位を揃える必要がありました。

C：ノートの12マスを１にすると，かきやすいと思います。

C：12なら４でも３でもわれるから，かきやすいんだね。

4　板書計画

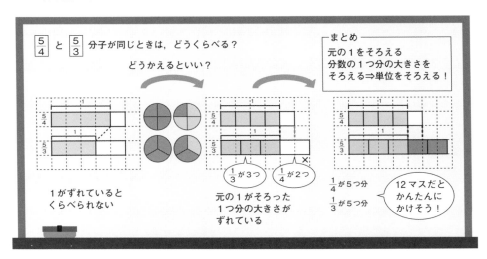

第4学年
分数のたし算とひき算

どうしてひき算に
たし算が出てくるの？

1 第4学年の「分数」における計算指導

　第4学年の「分数」では，同分母の加減を扱う。第3学年でも簡単な同分母分数の加減を扱っているが，目的が違う。第3学年では，分数を数として認識させることに主眼があり，分数もたしたりひいたりできる数を実感させることが目的である。そこに加えて，本書では，単位分数のいくつ分という見方を意識させるために小数と関連付けて分数の計算を扱うことを提案している。これに続く第4学年の「分数」では，真分数や仮分数の計算も同様に，単位分数のいくつ分を意識することで，加減ができることを学習する。そして，帯分数を含む分数の計算につながる。

　前節でも紹介したように，帯分数を含む計算において，次のように計算している子供を見たことがある。

$$3\frac{2}{3} - 1\frac{1}{3} = \frac{11}{3} - \frac{5}{3} = \frac{7}{3} = 2\frac{1}{3}$$

　この子供は，仮分数に直せばいつでも計算できると思っていたのである。一般性のある方法としての価値があるが，少々面倒だとも感じてほしい。また，整数1を基準とする単位と $\frac{1}{3}$ を基準とする単位の計算として捉えられていない可能性がある。

　次のように，整数と分数の基準とする単位の違いを意識して，計算できていることは，4年の分数の計算として目指したい姿である。

$$3\frac{2}{3} - 1\frac{1}{3} = (3 - 1) + (\frac{2}{3} - \frac{1}{3}) = 2\frac{1}{3}$$

　子供たちは，整数部分と分数部分を分けて計算して結果を書くことは多いが，上のように計算過程を分けて書くことは慣れていない。

　$3\frac{2}{3}$ を「3と $\frac{2}{3}$」と読むが，$3 + \frac{2}{3}$ と書くことに違和感を示す子がいる。さらに，ひき算の計算の途中式に出てくるたし算の演算記号を捉えきれない子もいる。整数と分数部分を分けて単位を揃えて計算をし，後から合わせるという計算過程の理解も，同じ単位同士で計算するという加法の原理を理解することにつながるだろう。

　こうした途中式は，教科書では扱われていない。式だけでは理解が難しい子供がいることも想定されるからであろう。上に挙げた計算を理解するために，テープ図や液量図を使うことも検討したい。長さの図を上下に並べることで差を捉えやすくしたり，筆算形式で表して整数と分数部分を位として，単位としてつかませたりする手立てもある。子供の実態や解決方法によって，これらの図を使い，理解を促していくとよい。

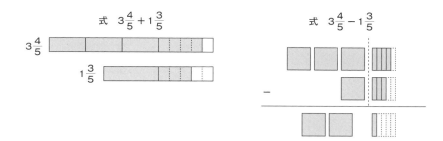

式　$3\frac{4}{5}+1\frac{3}{5}$　　　　式　$3\frac{4}{5}-1\frac{3}{5}$

$3\frac{4}{5}$

$1\frac{3}{5}$

ー

　　小数第2位までの加減も既習であるため，同じ位同士，単位同士をたし算ひき算する という加法の原理を想起する子供がいれば大いに価値付けて取り上げたい。

2　この授業における工夫

**　帯分数を含んだ計算の途中式の解釈を通して，整数と分数を分けて計算する単位の意味を理解する**

　　本時は帯分数同士の計算の学習である。前時までに帯分数を仮分数の表記に直したり，仮分数を帯分数に直したりする学習を終えている。

　　ある教科書では，次のように加法と減法を4時間扱いで扱っている。

①真分数＋真分数＝仮分数（＝帯分数）

②帯分数同士の加法（分数同士の計算で整数に繰り上がる）

③仮分数ー真分数，帯分数同士の減法（分数同士で計算できる）

④帯分数同士の減法（分数同士で計算できず，整数から繰り下げる）

　　一方，本時は②と③の帯分数同士の加法と減法を同時に扱う。途中式を考える過程で，整数と分数を単位ごとに計算していることをつかみ，たし算とひき算を対比することで，減法の途中に出てくる加法の演算記号の意味を問いたい。整数と分数を分けて計算していることに着目させ，単位が同じもの同士を計算できることの理解を促したい。

$3\frac{4}{5}+1\frac{2}{5}$
$=(3+1)+(\frac{4}{5}+\frac{2}{5})$
$=(4+1)+\frac{1}{5}$
$=5\frac{1}{5}$

$3\frac{4}{5}-1\frac{2}{5}$
$=(3-1)+(\frac{4}{5}-\frac{2}{5})$
$=2\frac{2}{5}$

ひき算なのに
たし算？

3 本時の学習指導

1）ねらい

同分母の帯分数のたし算やひき算を，整数と分数に分けることで，単位同士計算していることを理解する。

2）展開

【帯分数の計算の課題をつかむ場面】

T：昨日までは，真分数同士のたし算やひき算をしましたね。今日は，どんなことを考えると思いますか。

C：仮分数や帯分数でも計算できるかな？

T：そうですね。分数の表し方の違うものも計算できるか考えてみましょう。

$\boxed{\text{帯分数の計算はどう考えるといいかな？}}$

問題 $3\frac{4}{5} + 1\frac{2}{5}$

【仮分数と帯分数，それぞれの計算の仕方を確認する場面】

C：私は仮分数にして考えました。

C：$3\frac{4}{5} + 1\frac{2}{5} = \frac{19}{5} + \frac{7}{5} = \frac{26}{5} = 5\frac{1}{5}$

C：仮分数にすると，$\frac{1}{5}$ が26個分と計算できました。

T：$\frac{1}{5}$ を単位とみるから，分子の数で計算できますね。

C：帯分数のままでも計算できます。

C：$3\frac{4}{5} + 1\frac{2}{5} = 4\frac{6}{5} = 5\frac{1}{5}$

【帯分数の計算の途中式を考える場面】

T：どのように計算して，$5\frac{1}{5}$ になったのかな。

（右のように，途中式を考えるように板書）

C：整数と分数に分けて，考えました。

C：$3 + 1 = 4$ と $\frac{4}{5} + \frac{2}{5} = \frac{6}{5}$

T：$(3+1) + (\frac{4}{5} + \frac{2}{5})$

$= 4 + \frac{6}{5}$

$= (4+1) + \frac{1}{5}$

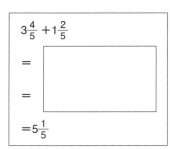

と表すと，整数と分数を分けて計算していることがはっきりしますね。

【帯分数のひき算の計算の意味を考える場面】

T：ひき算も同じようにできるかな？

$3\frac{4}{5} - 1\frac{2}{5}$

C：仮分数で計算すると，

$3\frac{4}{5} - 1\frac{2}{5} = \frac{19}{5} - \frac{7}{5} = \frac{12}{5} = 2\frac{2}{5}$

C：たし算と同じで，$\frac{1}{5}$ を単位としてひき算したんだね。

C：帯分数のまま計算して，途中の式も表しました。

T：計算の途中を表していない人は，少し考えてみましょう。

（全員がノートに書く時間をとる）

C：（右のように）整数と分数を分けて考えます。

C：ひき算なのに，たし算になるのですか？

※子供が疑問に思わないときは，教師から問う。

C：だって，整数と分数を分けたからたす必要があります。

C：整数は $3 - 1 = 2$，分数は $\frac{4}{5} - \frac{2}{5} = \frac{2}{5}$ だから，

2つを合わせて$2\frac{2}{5}$ です。

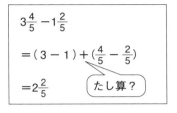

T：図でも説明できますか？

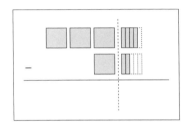

C：整数と分数をそれぞれ分けて計算しています。

【帯分数の計算をまとめる場面】

T：帯分数の計算は，どうやって考えるとよいですか？

C：仮分数に直してもよいけれど，帯分数のままの方が簡単にできます。

C：整数と分数は元にする単位が違うので，分けて後から合わせて計算できました。

4　板書計画

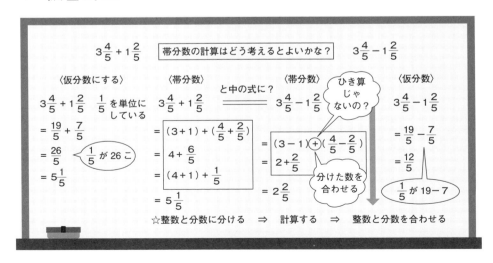

第4学年
整数のわり算

どうやって式を変身させたの？

1　整数の除法の学習の要点

　子供はこれまで「24÷4＝6」「27÷4＝6あまり3」といった計算の仕方について学習してきている。これはどれも九九を適用することで答えを導くことができた。

　本単元は，被除数が九九の適用範囲を超える除法について考える。例えば，「52÷4＝13」のように，九九の適用外の数のときにどう計算したらよいかを考える。このとき教師は，計算の仕方を形式的に教えるということではなく，基本の考えを大事にして子供自身が計算の仕方を創っていくことを重視した授業づくりを心がけたい。形式的に教えるとは，筆算の方法を示して，あとは機械的に一定の手順を繰り返すことを説明するような指導である。

　では，子供が計算の仕方を創っていく際の基本となる考えは何であろうか。杉山（1986）が示しているのは「わる数とわられる数の両方に同じ数をかけても，あるいは，同じ数でわっても，その商は変わらない」というわり算のきまりである。

　このきまりは，第3学年のわり算の学習でも，同じ商になるわり算の式を並べたときに，子供に気付かせることができる。本単元の2位数でわる場面は，このきまりを活用することで，大きな数の計算を小さな数の計算に変えることができ，きまりのよさを感じることができる。その学習経験が，今後，小数や分数の除法の学習につ

$$24 \div 4 = 6$$
$$\div 2 \downarrow \quad \downarrow \div 2$$
$$12 \div 2 = 6$$
$$\div 2 \downarrow \quad \downarrow \div 2$$
$$6 \div 1 = 6$$

ながり，きまりを活用することで小数や分数を整数に変えて計算しようと考えることができるようになる。

$$140 \div 20 = 7$$
$$\div 10 \downarrow \quad \downarrow \div 10$$
$$14 \div 2 = 7$$

　きまりを活用する場面は，一般的には140÷20など，10のまとまりを認識しやすい，きりのよい数を用いる。すると，わる数とわられる数の両方を10でわり，14÷2と同じであることを示す展開になる。しかし，この展開による子供の認識は，同じ数でわるのではなく，「0を取る」というものである。このような認識では，この先，除数や被除数が小数や分数になったとき，この計算のきまりを活用できなくなる。

　そこで，10以外でわるという場面から，わり算の計算のきまりを活用させる展開を考える。例えば，128÷16であれば，次のように2や4や8でわることができ，九九を適用することで答えを導くことができるわり算にすることができる。

$$128 \div 16 = 8 \qquad\qquad 128 \div 16 = 8 \qquad\qquad 128 \div 16 = 8$$
$$\div 2\downarrow \quad\downarrow \div 2 \qquad\qquad \div 4\downarrow \quad\downarrow \div 4 \qquad\qquad \div 8\downarrow \quad\downarrow \div 8$$
$$64 \div 8 = 8 \qquad\qquad 32 \div 4 = 8 \qquad\qquad 16 \div 2 = 8$$

　こうして，わり算のきまりを用いることで，既習（九九適用範囲のわり算）と同じとみることができるようにする。

2　この授業における工夫

数直線を用いて被除数と除数を同じ数でわるという考えに目を向けさせる

　次の問題場面を数直線に表す。

> 　□こ入りのチョコレートを16箱買いました。
> 全部で144こありました。
> 　1箱にチョコレートは何こ入っていたでしょう。

　□個入りを16箱なので□×16＝144。つまり1箱あたりのチョコレートの数を求める式は，144÷16になることを確認する。

　144÷16は未習であるため，計算の仕方が問題になる。その中で，「いきなり1箱に何個入っているかを求めることは難しいけど，半分の8箱だったらチョコレートも半分になって72個だ」のような考えが出る。つまり「8箱買うとチョコレートは全部で72個。1箱に何個？」という問題に変わる。これは式が72÷8になり，九九の適用範囲で解決できる式に変わることになる。このとき，被除数と除数を同じ数2でわっても，答えは変わらないというわり算のきまりを活用していることに目を向けさせる。

　すると，「16箱を4でわれば4箱。144個も4でわれば36個。4箱買うと36個」「16箱を8でわって2箱。144個も8でわると18個。2箱で18個」と，さらにきまりを活用しようと考えるだろう。

　このような活動を言葉で表させることで，「被除数と除数を同じ数（2，4，8）でわっても，商は変わらない」と一般化させることができる。

　しかし，計算のきまりは，数字や言葉だけで説明しても理解が難しい子供もいる。下のように数直線に表すことで，わり算のきまりで行っている操作を説明することができるようになる。

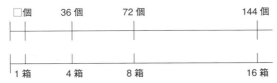

3　本時の学習指導

1）ねらい

　「被除数と除数を同じ数でわっても，商は変わらない」というわり算のきまりに着目し，2位数でわるわり算の答えを求めることができる。

2）展開

【わり算の式になることを確認する場面】

> 　1箱に□こ入りのチョコレートを16箱買いました。全部で144こありました。
> 　1箱にチョコレートは何こ入っていたでしょう。

T：数直線に表しましょう。

C：箱とチョコレートの数を分けてかくと整理できる。

T：□を求める式はどうなりますか。

C：1箱に□個だから，□×16＝144だ。

C：ということは，□を求める式は，かけ算の逆で144÷16になる。

C：九九が使えない。九九が使えればできるのに。

T：144÷16のように九九が使えないわり算はどのように計算したらよいでしょう。

C：□×16＝144になるように，□に数を入れていけばいい。

C：1×16，2×16，3×16……と考えていけば，9×16＝144になる。

C：答えは1箱に9個って分かったけど，ちょっと大変だね。

【計算の工夫を考える場面】

T：これまで学習した九九を使って計算することはできませんか。

C：16箱じゃなくて，半分にして8箱にしたら求められるんじゃない。

C：確かに。箱が半分なら個数も半分。144個の半分で72個だ。

C：数直線でいうと，この真ん中の部分だね。

C：8箱で72個だったら，1箱分は72÷8で求められる。

T：いつの間にか72÷8という九九でできるわり算に変身したね。どうやって変身させましたか。

C：144を半分にして72，16も半分にして8。どちらも半分にして，72÷8になったんだよ。

C：それって144÷16のわられる数とわる数を，どちらも2でわっているんだ。

C：式が変わっても答えは変わらないね。やっぱり1箱に入っている数は9個だ。

C：だったら他の式にも変身できる。

【わり算のきまりを見つける場面】

T：72÷8 の他にも，九九が使える式に変身できますか。

C：うん。36÷4 もできるよ。

T：どうやったら36÷4 という式にできますか。

C：72÷8 のわられる数とわる数を，さらにどちらも
　　2 でわれば36÷4 になる。

C：144÷16のわられる数とわる数を÷4 すれば，36÷4 にできるよ。

C：4 箱に36個チョコレートが入っているっていう
　　ことだね。

C：だったら，さらに半分にすれば……。

C：144÷16のわられる数とわる数を÷8 したら18÷2 にもできるね。

C：そうか。2 箱に18個入っているっていうことだ。

```
1 4 4 ÷ 1 6 = 9
÷2↓      ↓÷2
  7 2 ÷ 8 = 9
÷2↓      ↓÷2
  3 6 ÷ 4 = 9
```

```
1 4 4 ÷ 1 6 = 9
÷4↓      ↓÷4
  3 6 ÷ 4 = 9
```

```
1 4 4 ÷ 1 6 = 9
÷8↓      ↓÷8
  1 8 ÷ 2 = 9
```

【わり算のきまりを言語化する場面】

T：結局どうやって計算し
　　たと言えますか。

C：わられる数とわる数を
　　同じ数でわって，計算
　　できる式にした。

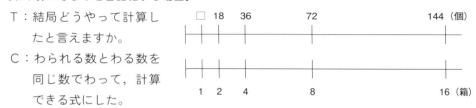

T：では，108÷18でもその計算の仕方は使えますか。

C：できる。同じ数でわれば……。

4 板書計画

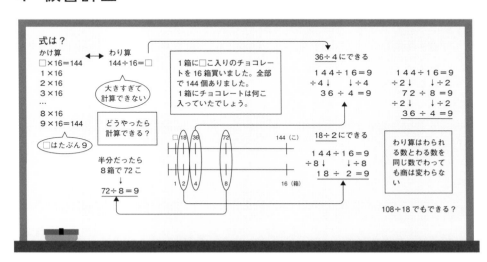

【参考文献】
杉山吉茂（2010）『公理的方法に基づく算数・数学の学習指導』東洋館出版社，pp222–224.
中村享史（1993）『自ら問う力を育てる算数授業』明治図書，pp67–77.

第4学年
小数のかけ算

位を揃えなくていいの？

1 小数の乗法の指導の要点

　子供は３年生までに整数×整数の計算について，その意味と計算の仕方について学んでいる。整数同士のかけ算は（一つ分）×（いくつ分）＝（全体）という意味に基づいて立式してきている。そして，その計算の仕方は，被乗数（一つ分にあたる数量）を分けて計算し，それぞれの部分積をたして求めるという法則を用いている。

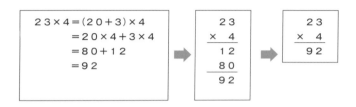

　４年生では，被乗数が小数になった，小数×整数について学習する。大切にしたいのは，これまでと別のことを学習していると捉えるのではなく，小数×整数もこれまで学習してきたかけ算と同じ考え方で計算していると捉えることである。

　これまで，整数×整数の計算は，筆算を使って計算してきている。子供は小数×整数になっても，筆算を使って計算しようとするのは自然な姿である。しかしこのとき，次のような筆算を書く子供がいる。

　①のように書いている子供は，小数のたし算やひき算の筆算と同じように位を揃えているのである。このように考える子供にとっては，②のように単位を揃えないで書くかけ算の筆算に違和感をもつ。

　ところが，②のような書き方も，計算の仕方を追究すると単位を揃えていると考えることができる。2.3×4はそのままでは計算ができないので計算の仕方を考える必要がある。例えば，かけ算の性質を用いた計算の仕方である。右のようになる。被乗

$$2.3 \times 4 = 9.2$$
$$\times 10 \downarrow \qquad \uparrow \div 10$$
$$23 \times 4 = 92$$

数の2.3を10倍にして23と整数化して考える。だから実際の計算は「23×4」をすることとなる。これを計算して出た答え92は10倍されているので，92÷10をして，小数点を打つことになる。

このように計算の理解が得られるためには，n倍して（nでわって）整数にしたら，nでわる（n倍する）ことによって元に戻るという，かけ算のきまりの理解を確かにする必要がある。本単元のみならず，小数，分数の計算の仕方を考えるときに必要とされるからである。

2 この授業における工夫

「位を揃えた場合」と「右に揃えた場合」の筆算の仕方をそれぞれ問う

上述の①と②の筆算の表し方は，どちらも既習であるたし算やひき算，かけ算の筆算をもとにしている。しかし，それは表面上であり，計算の仕方の違いには目が向いていない。この状態で，「正しい筆算の仕方はこちらです」と教え込んだり「どちらが正しいでしょう」と考えさせたりしても，計算の仕方の理解は深まらない。

そこで，「位を揃えた場合（①）」と「右に揃えた場合（②）」の筆算の仕方をそれぞれ問う。①は0.3×4の計算について考察し，部分積を書く位置を吟味する必要がある。②は右に揃えるという視点で計算を進めると答えが変わってしまう。そのため，整数のかけ算（23×4）とみる必要が出てくる。②は右に揃えていたわけではなく，小数×整数を整数×整数と同じように捉えていたことを確認する。筆算をするときには，そのまま②のように2.3×4とは書くものの，実際に計算する場合は，整数化して23×4として計算することになる。だから実は筆算の形も，位を揃えていることになる。

このように，どちらが正しいかという追究ではなく，それぞれの視点だとどのような筆算になるかと解釈を進めることを重視する。

数値を変えて発展させ，同じように計算できるか問う

2.3×4は①も②も筆算で計算できることが分かったが，桁数を増やしたらどうかと問い追究を促す。例えば2.345×4のようにすると，①の方法では非常に計算しづらいことが分かる。それに対して，②のように整数×整数と同じように捉えると，どんな小数×1位数の計算もできると一般化を図ることができる。

子供がこのような思考をするには，例えば3年時に23×4のように「2位数×1位数」を学習したときも，次に「3位数×1位数」「4位数×1位数」と発展的に考察し，「どんな数に1位数をかけても計算できる」と一般化していく学び方を経験していることが望ましい。そのような学び方が身に付いていると，子供から発展的に考察しようとする思考が出されるだろう。

3　本時の学習指導

1）ねらい

　小数に1位数をかける筆算の仕方を考え，既習のかけ算の計算の仕方と統合させることができる。

2）展開

【2.3×4の筆算の表し方を考える場面】

> 　□ Lのジュースが4本あります。全部で何Lでしょう。

C：前の時間は0.3Lの場合を考えたね。0.3×4だった。

C：0.3を10倍して3×4という式にして，答えを10でわればよかった。

$$0.3 \times 4 = 1.2$$
$$\times 10 \downarrow \qquad \uparrow \div 10$$
$$3 \times 4 = 1 \, 2$$

T：今日は，□が2.3Lの場合を考えましょう。

C：式は2.3×4だな。10倍すれば整数にできそうだ。

T：2.3×4の筆算の仕方を考えよう。

C：2.3×4って，筆算にするときどう書いたらいいのかな。

$$2.3 \times 4 = 9.2$$
$$\times 10 \downarrow \qquad \uparrow \div 10$$
$$2 \, 3 \times 4 = 9 \, 2$$

①
```
  2.3
×  4
─────
```

②
```
  2.3
×   4
─────
```

T：4の位置が人によって違いますね。なぜ，この位置に書こうと思ったのでしょう。

C：①の人は，位を揃えようとしたんだと思う。

C：たし算やひき算の筆算は，位を揃えていたからね。

C：②は右側に寄せて揃えている。

C：でも位を揃えていないから，計算しづらいよね。

【2.3×4の筆算の仕方を考える場面】

T：①のように位を揃えた場合，どのように計算しますか。

C：①は2.3を2と0.3に分けて計算していることだから。

C：2.3×4＝（2＋0.3）×4＝2×4＋0.3×4

C：0.3×4って，0.3＋0.3＋0.3＋0.3＝1.2

C：前の時間に0.3を10倍して3×4にして，積の12を÷10するという方法もあった。答えは1.2だ。

C：最後に8と1.2をたすから，位を揃えて書けばいい（右上）。

```
  2.3
×  4
─────
    8
  1.2
─────
  9.2
```

T：②のように右側に揃えた場合，どうやって計算しますか。

C：②も①と同じようにやったのかな。

```
  2.3
×   4
─────
    8
  1.2
─────
    ?
```

C：でも全部右に寄せたら，答えが変わっちゃうよ。

C：②は小数点がなければ23×4と同じだよね。

C：2.3を10倍して23×4にして，積の92を÷10するという方法だ。

C：23×4と同じことをしていると考えれば，②も位を揃えているって言えるね。

C：結局，整数のかけ算は右側に揃えていたんじゃなくて，やっぱり位を揃えていたんだ。

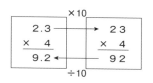

【数値を変えて発展的に考察する場面】

T：もっと小数点以下が増えても同じように計算できますか。

C：例えば，2.345×4とかどうだろう。

C：①だと位ごとに全て分けるのは大変。

C：0.005×4って，計算も複雑になるね。

C：②だったら1000倍すれば整数のかけ算と同じように求められる。

C：わざわざ2つの筆算を書かなくても，計算ができるね。

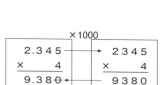

T：わざわざ2つ書かなくてもいいってどういうことですか。

C：1000倍するってことは2.345の小数点が移動して2345にするっていうこと。積を÷1000するってことは，9380の小数点が移動して9.38にするっていうこと。だから，右のように考えればいい。

C：それなら，どんな小数の計算でも使えそうだ。

4 板書計画

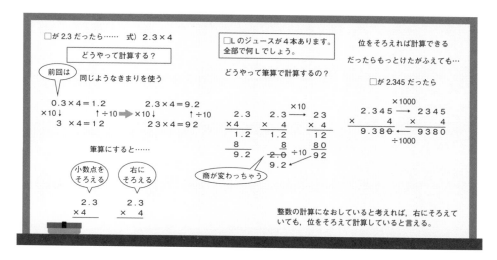

【参考文献】

杉山吉茂（2010）『公理的方法に基づく算数・数学の学習指導』東洋館出版社，pp224–229.

24

第4学年
小数のわり算

「3.5」は何を表している？

1 小数の除法の学習の要点

　4年生では，小数÷整数の計算や整数÷整数をわり進んで商が小数になる計算について学習する。前者の指導については小数×整数のときの考え方から類推することができる。ここでは，後者の指導について述べる。特に，第5学年で学習する小数倍（乗法の意味の拡張）へのつながりに重点をおいた指導を考えたい。

　小数倍の意味は，主に第5学年で小数の乗法の単元で学習する。整数×小数の計算の意味を考え，（一つ分）×（いくつ分）＝（全体）という乗法の理解を（基準量）×（倍）＝（比較量）という理解，つまり，1とした数（基準）の何倍かを求める計算という理解に捉え直すのである。ここで「倍」の理解が重要になるのだが，「倍」は第5学年で初めて学習するのではなく，もっと前から扱っておかなければならない。

　杉山（2010）は，「倍」という表現について，「一方を1と考えたとき，これを単位として他方を測ったときの値が「倍」という言葉を使って表現されるもの」と説明している。「倍」は割合として除法を使って求められるものである。本単元の整数÷整数で商が小数になる計算は，小数倍を効果的に学ぶ場面だと考えられる。

　整数÷整数＝小数の計算は，等分除の問題場面が扱われていることが多い。例えば，「14mのリボンを4人で分けます。1人分は何mでしょう」という問題である。14÷4＝3.5となり，「1人分のリボンの長さは3.5m」であることが理解できる。等分除の場面は，小数になった商の解釈がしやすいのである。

　小数倍の意味に重点をおくのならば，包含除の場面が適している。例えば，「14mのリボンを4mずつ分けます。リボンは何人に分けられるでしょう」という問題である。あまりを出さずわり進めると，14÷4＝3.5となり，「3.5人に分けられる」という結論になるがこれは理解が難しい。整数部分の3は「3人」と理解できるが，0.5が「0.5人」というのは違和感をもつだろう。

　この0.5の意味を追究すると，「1人分を1としたとき，0.5にあたる大きさ」と解釈することができる。このような解釈ができれば，3.5というのは，「1人分を1としたとき，3.5にあたる大きさ」を意味することが理解できる。

　このように小数倍の意味の理解を確かにしておくことで，第5学年で小数倍の乗法を学ぶときに乗法の意味の拡張に役立てることができると考える。

　このような理解は，数や式，言葉だけでは難しい。実際には，数直線に表すことで，

「4 m が 1 人分である」
「1 人分を 1 とする」
「そのとき，14m にあたる大きさが3.5である」
ということを 1 つ 1 つ解釈しておくことが大切である。

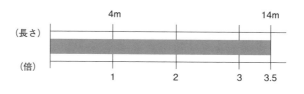

2 この授業における工夫

　「倍」の意味に気付かせるためには単位とする大きさ，つまり「何を 1 とするか」を子供が自覚的に捉える必要がある。「倍」という表現が「いくつ分」の表現の置き換えで済んでしまっては，「倍」の理解は進まないからである。そのため「4 m が 1 人分」ということにとどまらず，「4 m を 1 （単位）とする」という捉えを子供に自覚させたい。そして，そのように単位を定めたとき，14m にあたる大きさを表現するものとして捉えられるように留意して指導をする。

等分除と包含除の問題場面を比較させながら，商の意味を数直線に表現させる

14m のリボンがあります。4 [   ]。

　14 ÷ 4 になる問題づくりに取り組ませ，答えを考える。14 ÷ 4 ＝3.5。この商3.5が意味するものは，問題場面によって異なる。等分除であれば「一つ分」の大きさであり，包含除であれば「いくつ分」の大きさを意味する。商が小数になるこの場面は前者の「一つ分が3.5m」は納得できるが，後者の「4 m が3.5つ分」には違和感をもつ。等分除と包含除の 2 つの場面を比較することで，まずこの違和感に気付かせる。

　次に「3.5は何を表しているか」を問う。特に「3」は「3 つ分」であることは分かるが，「0.5」はリボンの長さを表しているものでも，個数を表しているものでもないことに焦点づけて追究する。

　このとき，子供の気付きを数直線に書き込んで可視化し，共有しながら追究をさせる。例えば「3.5人分はおかしい」という気付きを，右のように 1 〜 3 人分までと合わせて書き込む。

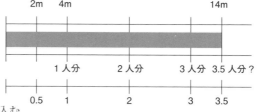

　その中で，「4 m を 1 とする」や「0.5にあたるのが 2 m」というような「倍」を表す気付きが出てきたとき，それをどこに位置づけるかを考えさせる。そして，必要感をもったところで，長さでも人数でもない新たな「倍」を表す線を付け足す。このように整理することで，「一方を 1 （単位）と定めたときに，それを単位として他方を測ったときの値」が線上に整理され，解釈しやすくなる。

　このように数直線に表現したり数直線で解釈したりする活動を通して，小数倍の意味を捉えることで，第 5 学年の「整数×小数」の学びにつなげたい。

3 本時の学習指導

1）ねらい

　整数÷整数の商が小数になる場合の商の意味を追究し，小数倍の意味を理解する。

2）展開

【等分除と包含除の問題をつくる場面】

> 14m のリボンがあります。　4 ［　　　　　　　　　　　　　　　　　　　］。

T：14÷4 になる問題文を作りましょう。

C：「4 人に分けたら 1 人何 m になるでしょう」はどう？

C：違うのもある。「4 m ずつ分けたら，何人に分けられるでしょう」

C：ああ，それでも14÷4 になるね。

T：数直線に表すと，どうなりますか。

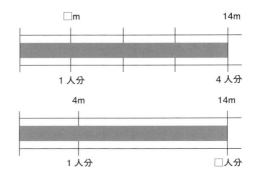

> ①14m のリボンがあります。　4 人に分
> 　けたら 1 人分は何 m になるでしょう。

> ②14m のリボンがあります。　4 m ずつ
> 　分けたら何人に分けられるでしょう。

【あまりについて考察する場面】

T：2 種類の問題ができましたね。計算して答えを求めましょう。

C：14÷4 ＝3.5になる。

C：①の答えは3.5m。　1 人分は3.5m になる。　4 人分で14m。

C：じゃあ②の答えは，3.5人だ。

C：3.5人はおかしいでしょ。人が半分になっちゃう。

C：3 人に分けられて，0.5あまるってことだよ。

T：3.5の 3 は 3 人に分けられることだね。0.5は何を表しているのでしょう。

C：人じゃなくて長さ。0.5m じゃない？

C：違うよ。4 m ずつ分けて 3 人に配ったら 4 × 3 ＝12でしょ。
　　あまるのは14—12で 2 m のはずだよ。

T：人でも長さでもない0.5って，一体何を表しているのでしょう。

C：0.5って 1 の半分ってことだよね。

C：4 m を 1 としたときに，2 m が0.5になるってことだ。

C：つまり，1 の半分が0.5だから，4 m の半分の 2 m があまるってこと。

【数直線を用いて整理する場面】

T：ここまで分かったことを数直線に整理しましょう。

C：はじめは14÷4＝3.5だっ たから，「3.5人分」って考 えた。でも3.5人分っておかしい。

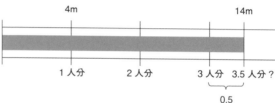

C：0.5は長さでも人数でもな いからどこに書けばいいのかな。

C：長さでも人数でもない線 があればいいね。1人分の 4mを1とすれば8mは 2になるし12mは3になる。

C：4mの半分の2mは0.5だ。

C：4mを1とすると，14m は3.5になるってことだ。

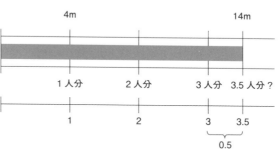

T：「4mを1とする」とみることで，整理できますね。 では，①の問題も同じように考えることはできますか？

C：①の問題は，3.5mを1と すると7mが2，10.5mが 3，14mが4になる。

C：どちらも14÷4になる問 題だけど，何を1にするか は違うんだ。

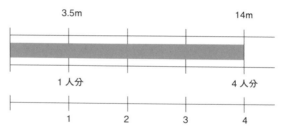

4 板書計画

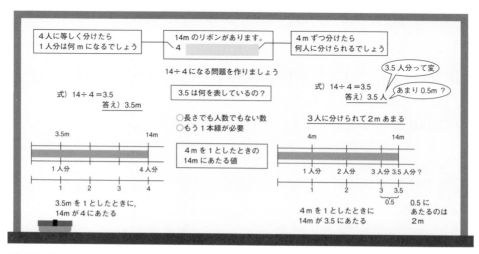

【参考文献】

杉山吉茂（2010）『公理的方法に基づく算数・数学の学習指導』東洋館出版社，pp222-224.

中村享史（1993）『自ら問う力を育てる算数授業』明治図書，pp22-24.

25

第5学年
分数のたし算

通分するとは
何をしていることなのかな？

1 たし算の学習における異分母分数のたし算の位置づけ

　通常，たし算というのは，同種同単位のものについて考える（杉山2008）。この同種同単位のものについて考えるということに基づいて，異分母分数のたし算の位置づけを考えてみる。

　異分母分数のたし算が困難な点は，「分母が揃っていない」ということに尽きるだろう。第3・4学年において，同分母分数のたし算は学習している。しかし，異分母分数のたし算は未習のため，子供はどのように計算をすればよいか分からない。子供に異分母分数のたし算の計算の仕方を考えさせると，素朴な考えとして，分母同士，分子同士の数をたす子供がいる。例えば，$\frac{1}{2} + \frac{1}{3} = \frac{2}{5}$ というものである。分数の大きさを頭の中でイメージできる子供であれば，「たし算をしたのに，$\frac{1}{2}$ よりも答えが小さくなるのはおかしい」と気付くはずであるが，分数で表すと，大きさを意識できる子供は少なくなる。この間違いを改消していく方法として通分をするのだが，「通分とは何をしていることなのか？」ということを理解できない限り，分母同士，分子同士の数をたしてしまう間違えの理由は理解できないのである。

　第3・4学年において，同分母分数のたし算を学習しているから，同分母分数どうしのたし算にしたいと考えて通分する子供もいる。教科書にも同様な発想が掲載されていることが多い。既習事項を活かして，目の前の問題を解決しようとしている姿は素晴らしい。しかし，それは「通分とは何をしていることなのか？」という答えにはならない。そして，分母同士，分子同士の数をたしてはいけない説明にもなっていない。ここに，異分母分数のたし算の仕方を考える学習の落とし穴がある。「同分母分数のたし算はできるから，分母を揃えるために通分をしよう」というのは，単なる形式なのである。

　たし算には，同種同単位同士でなければたせないという原理がある。その原理に気づかせなければ，異分母分数のたし算の仕方を考える学習をする価値は半減してしまう。通分とは，まさに「単位を揃えている」のである。$\frac{1}{2} + \frac{1}{3}$ であれば，$\frac{3}{6} + \frac{2}{6} = \frac{5}{6}$ と計算する。これは，「$\frac{1}{6}$ に単位を揃えている」のである。単位とは，「何を1とするか」ということである。「$\frac{1}{2}$ は $\frac{1}{2}$ が1つ」「$\frac{1}{3}$ は $\frac{1}{3}$ が1つ」という意味であるから，それぞれの単位は $\frac{1}{2}$ と $\frac{1}{3}$ である。単位が揃っていないのである。通分をすると，$\frac{1}{2}$ は $\frac{3}{6}$，$\frac{1}{3}$ は $\frac{2}{6}$ になり，単位が $\frac{1}{6}$ に揃うのである。だから，たし算が可能となる。要するに，通分をするとは，単位を揃えていることなのである。そのことに気付

くことが，異分母分数のたし算の仕方を子供が生み出した瞬間であり，理解した瞬間である。

2　この授業における工夫

「どうやったら単位が揃うのか」に目を向けさせる

　異分母分数のたし算の仕方を考えるためには，「単位が揃っていないからたせない」ということに気付かせる必要がある。しかし，異分母分数のたし算だけを扱って，同単位同士でないとたし算ができないことに気付かせることは難しい。そのため，整数，小数，同分母分数のたし算の学習を振り返り，「今までのたし算は単位が揃っていたから計算ができた」ということに気付かせておく必要がある。

　そこで，次のような問題を提示する。

オレンジジュースがAのコップには□L，Bのコップには□L入っています。
あわせて何Lになりますか。

　「□の中にどんな数を入れたら計算できそうですか？」と子供とやり取りをしながら，整数，小数，同分母分数のたし算を振り返るのである。その際，「何がいくつ分と考えて計算しているの？」ということを問い，「単位」という言葉を指導するのである。実際に授業をしたときの板書が以下の写真である。

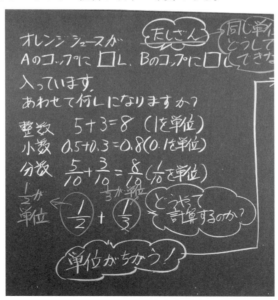

　写真を見れば分かるが，整数，小数，（同分母）分数のたし算の横に，（　）でそれぞれのたし算で単位とした数値を書いている。授業の導入で，単位という言葉を指導し，単位に意識を向けさせるのである。その上で，異分母分数のたし算を提示すれば，今までのたし算とは違って「単位が揃っていない」ということに着目しやすくなるであろう。そうなれば，「単位が違うもの同士の分数のたし算はどうすればできるのか？」という，本時に子供が考えるべきことが明確になる。

3　本時の学習指導

1）ねらい

　単位が違う異分母分数のたし算は，どのように単位を揃えればいいかを考えることができる。

2）展開

【異分母分数のたし算は，単位が揃っていないことに気付かせる場面】

Ｔ：次の問題の□の中に，どんな数を入れたら計算できますか？

　オレンジジュースがＡのコップには□Ｌ，Ｂのコップには□Ｌ入っています。
　あわせて何Ｌになりますか。

Ｃ：5と3を入れたら簡単に計算できます。5＋3＝8

Ｔ：整数のたし算ですね。整数以外にもできるかな？

Ｃ：小数ができます。0.5＋0.3＝0.8です。

Ｃ：分数もできます。$\frac{5}{10} + \frac{3}{10} = \frac{8}{10}$ です。

Ｔ：0.5＋0.3は，頭の中で，何＋何にしてやりましたか？

Ｃ：5＋3＝8って考えました。

Ｔ：きっと多くの人がそうしたと思いますが，これは，0.1を単位にして考えていますね。そうなると，$\frac{5}{10} + \frac{3}{10}$ や5＋3は何を単位にして考えているかな？

Ｃ：$\frac{1}{10}$ と1かな。

Ｔ：そうなんです。たし算は，単位が揃っていると計算ができます。では，□に $\frac{1}{2}$ と $\frac{1}{3}$ を入れてみたら，計算できるかな？

Ｃ：$\frac{1}{2} + \frac{1}{3}$ です。

Ｃ：あれ，これは単位が違うなぁ。

Ｔ：そうなんです。これは単位が違う数のたし算です。

Ｃ：どうやったら計算ができるのかなぁ。

【通分とは何をしていることなのかを考える場面】

Ｃ：$\frac{1}{2}$ と $\frac{1}{3}$ を $\frac{3}{6}$ と $\frac{2}{6}$ にして計算すれば，$\frac{3}{6} + \frac{2}{6} = \frac{5}{6}$ と計算できます。

Ｔ：これって，分母を6に揃えているけれど，何をしていることか分かるかな？

Ｃ：図を使えば分かります。例えば，$\frac{1}{2}$ を $\frac{3}{6}$ にするっていうのは，こういうことです。

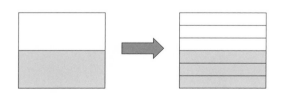

$\frac{1}{2}$ は 1 L を 2 等分した 1 つ分だけれど，$\frac{3}{6}$ は 1 L を 6 等分した 3 つ分だから，分母を 6 にすることによって，細かく分けている。

C：$\frac{1}{3}$ を $\frac{2}{6}$ にするということも同じで，$\frac{1}{3}$ は 1 L を 3 等分した 1 つ分だけれど，$\frac{2}{6}$ は 1 L を 6 等分した 2 つ分になる。

T：でも，どうして分母を 6 にしたのかな？

C：分母を 6 に揃えることで，単位を揃えることができるからです。

C：単位が $\frac{1}{6}$ に揃ったので，$\frac{3}{6}$ は $\frac{1}{6}$ が 3 つ，$\frac{2}{6}$ は $\frac{1}{6}$ が 2 つだから，合わせて $\frac{1}{6}$ が 5 つだから $\frac{5}{6}$ と計算ができます。

C：私は $\frac{1}{2}$ を $\frac{6}{12}$，$\frac{1}{3}$ を $\frac{4}{12}$ にして $\frac{6}{12}+\frac{4}{12}=\frac{10}{12}$ と計算しました。

T：分母の揃え方は違うけれど，結局，分母を揃えることで何をしているのかな？

C：単位を揃えている。

【整数，小数，分数のたし算の計算の仕方を統合する場面】

T：整数，小数，分母が揃っている分数，分母が揃っていない分数のたし算をやってきましたが，どのたし算にも共通することは何だったでしょうか？

C：単位を揃えることで計算ができる。

C：単位のいくつ分と考えると答えが出る。

C：たし算ができるなら，ひき算でも使えそう！

4 板書計画

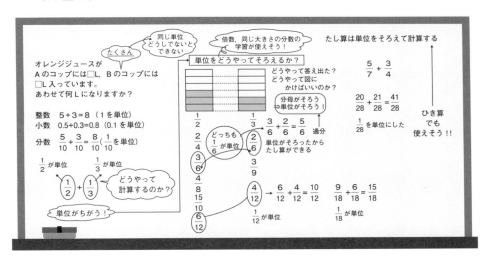

【参考文献】

杉山吉茂（2008）『初等科数学科教育学序説』東洋館出版社，p112.

第5学年
商分数

$\dfrac{1}{3}$ は何を表しているの？

1 商分数の指導の要点

　分数の意味は，その観点の置き方によって，次のように様々な捉え方ができる（文部科学省，2018）。

---

① 具体物を3等分したものの二つ分の大きさを表す。

② $\dfrac{2}{3}$ L，$\dfrac{2}{3}$ m のように，測定したときの量の大きさを表す。

③ 1を3等分したもの（単位分数である $\dfrac{1}{3}$）の二つ分の大きさを表す。

④ AはBの $\dfrac{2}{3}$ というように，Bを1としたときのAの大きさの割合を表す。

⑤ 整数の除法「2 ÷ 3」の結果（商）を表す。

　本単元では，これまでに子供が学習してきた①〜④の分数の意味について振り返りながら，⑤へと分数の意味を拡張して考えることが重要となる。

　2つの整数同士のたし算やかけ算は，その計算の結果を常に整数で表すことができるが，わり算の場合はそうとは限らない。子供は3年生のとき，例えば「12 ÷ 3」の計算の仕方について考えている。この答えは4の段の九九を唱えて，$4 \times \square = 12$ になる場合の□を探し，商は3となることを学習している。さらに，被除数を変えると「14 ÷ 4」となり，あまりを添えて「3あまり2」となる。4年生で小数を学ぶことで，同じ「14 ÷ 4」もわり進めて「3.5」と答えることができるようになった。

　本単元で扱うのは，「4 ÷ 3 ＝ 1.333…」のように割り切れない，つまり小数でも表せない場面である。子供は「小数では割り切れない」「ずっと数が続く」と理解してきている。このとき分数を用いれば，$4 \div 3 = \dfrac{4}{3}$ と表せることを，子供自身に発見させたい。

　$A \div B = \dfrac{A}{B}$ と形式的に処理することはもちろん大切ではあるが，最も大切な考えは，「わり算の商に分数を使えば，常に計算の答えを一つの数で表現できる」ということであり，その発見を体験することである。「常に計算の答えを一つの数で表現できる」というのは，商が割り切れない計算だけでなく，$6 \div 3 = 2$ や $2 \div 4 = 0.5$ のように割り切れる計算についても，$6 \div 3 = \dfrac{6}{3}$，$2 \div 4 = \dfrac{2}{4}$ のように，商を分数で表すことができるようになるということである。

　こうして，整数と分数，小数と分数を別のものと捉えるのではなく，表記は違っていても同じ数を表していると実感できるようにすることは，これまでの数の学習をバ

ラバラのものでなく関連付けて捉え直すことにもつながる。そしてそれをもとに，この先学習する計算（例えば分数×分数や分数÷分数）の仕方を考える際に活用することが期待できる。

2 この授業における工夫

量と割合の２つの分数の意味を数直線上で表し，わり算の式の意味を問う

「２mのリボンを３等分すると，１本分は何mか」という問題について，子供は２÷３と立式する。この計算は割り切れないため，小数では表せない。そこで，「分数で表すことはできないか」と問題を焦点化していく。

この答えを分数で表そうとすると，$\frac{1}{3}$mと答える子供がいる。これは，割合と長さを混同してしまっているのが原因と考えられる。このような混同が起こらないように，教師が介入する方法も考えられるが，それでは根本的な理解が得られないことが多い。このような混同が出る場面（３，４年の分数の学習等）で繰り返し扱い，子供自身が整理していく必要がある。

本実践では，数直線を用いてこれを整理することを試みる。

２÷３が$\frac{1}{3}$mと答えた子供に理由を問うと，「３等分した１つ分だから」と割合の意味が引き出される。そこで，「では$\frac{2}{3}$mは」と問い返す。すると「３等分した２つ分」と説明する。このように考えさせると，子供自身が違和感をもつ。「２mと$\frac{3}{3}$mが同じ長さなのはおかしい」と。

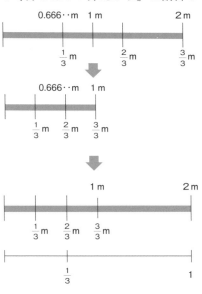

ここで，「正しい$\frac{1}{3}$mはどこか？」と問う。子供は，１mを３等分した１つ分が$\frac{1}{3}$mであることを確認する。

その後，「$\frac{1}{3}$は何を表していたのか」を問う。子供は「全体の$\frac{1}{3}$」と説明し，割合を表現していたことを自覚する。そこで，割合を表す数直線を加える。

この後，「２mの$\frac{1}{3}$は$\frac{2}{3}$m」のような割合と量が混在する説明があったときには，「２mの$\frac{1}{3}$」は割合を表す数直線で示し，「$\frac{2}{3}$m」はテープの長さで示し，量と割合を分けて説明することができる。

「１mの$\frac{1}{3}$が$\frac{1}{3}$m。２mの$\frac{1}{3}$は$\frac{1}{3}$mの２つ分」という商を表す分数の説明は，これまで学習した分数の様々な捉え方を振り返る必要がある。数直線に位置づけながら確認をしていく活動が，捉え方を振り返ることにあたり，そのことによって商を表す分数へと意味の拡張が行われる。

3 本時の学習指導

1）ねらい

割り切れないときの商の表し方を考えることを通して，分数の意味を拡張することができる。

2）展開

【小数では商を表せないことを確かめる場面】

> 2mのリボンがあります。このリボンを□等分します。1本分は何mになるでしょう。

T：□にどんな数を入れたら，簡単な問題に
　　なりますか。
C：1とか2とか。2÷1や2÷2は簡単。
C：4もできる。2÷4＝0.5
C：3とか7とか9とかだと難しそう。
C：2÷3＝0.666…でわり切れない。
C：約0.7ってしても，ぴったりではない。
C：分数にしたらいいんじゃない。

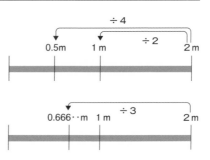

【これまでの分数の意味をもとに，商を表す分数に拡張する場面】

T：2÷3の答えを分数で表現できるかな。
C：$\frac{1}{3}$mかな。3等分した1つ分だから。

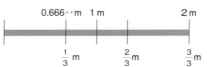

T：そこが$\frac{1}{3}$mだったら，$\frac{2}{3}$mはどこでしょう。
C：$\frac{2}{3}$mは全体を3等分した2つ分。
C：でもそれが$\frac{2}{3}$mだと，$\frac{3}{3}$mと2mが同じになっちゃっておかしい。

T：では，$\frac{1}{3}$mはどこでしょう。
C：全体の$\frac{1}{3}$って，2mを1としたときの$\frac{1}{3}$
　　にあたる大きさっていうこと。
C：その$\frac{1}{3}$は，長さじゃなくて割合だ。
　　長さと区別するために，もう1本割合を表
　　す線を引いておこう。

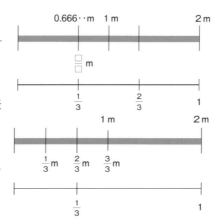

T：2mを1としたときの3等分（$\frac{1}{3}$）にあ
　　たる長さを分数で表しましょう。
C：$\frac{1}{3}$mは1mを3等分した1つ分。

C：1 m の $\frac{1}{3}$ が $\frac{1}{3}$ m。2 m の $\frac{1}{3}$ は $\frac{1}{3}$ m の 2 つ分。

C：$\frac{1}{3}$ m が 2 つ分だから，$\frac{2}{3}$ m だ。

C：1 本分の長さを求める式は，2 ÷ 3 ＝ $\frac{2}{3}$ と表せる。

T：□に他の数を入れても，計算できるかな。

C：□に 7 を入れたらどうかな。全体の 7 等分
　　だから 2 ÷ 7。

C：2 ÷ 7 ＝ 0.285…でわり切れない。さっき
　　と同じように分数に表せばいい。

C：$\frac{1}{7}$ m が 2 つで $\frac{2}{7}$ m になる。

C：2 ÷ 7 ＝ $\frac{2}{7}$ だ。

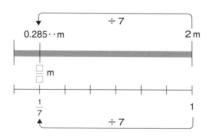

【商を分数で表す方法をまとめる場面】

T：わり切れないわり算はどうすると計算できると言えますか。

C：わられる数を分子，わる数が分母にして，分数にする。

C：最初に計算した 2 ÷ 4 も $\frac{2}{4}$，2 ÷ 2 ＝ $\frac{2}{2}$ だ。○ ÷ □ ＝ $\frac{○}{□}$ になっている。

C：わり切れないときもわり切れるときも，いつでも分数に表せる。

T：いつも ○ ÷ □ ＝ $\frac{○}{□}$ になると言えるか，自分で数を当てはめて確かめてみよう。

C：わられる数も変えてみよう。3 ÷ 7 はどうかな。

C：私はもっと大きな数で確かめてみよう。

4　板書計画

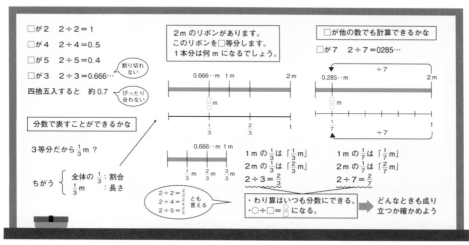

【参考文献】

文部科学省（2018）『小学校学習指導要領解説 算数編』日本文教出版，pp243-246.

坪田耕三（2014）『算数科授業づくりの基礎・基本』東洋館出版社，pp303-306.

27

第5学年
小数のかけ算

「2.4つ分」ってどういう意味？

1 小数の乗法の学習の要点

　本単元は，かけ算の意味を拡張していくことが最大のポイントとなる。かけ算の意味を拡張するということは，（一つ分）×（いくつ分）＝（全体）という理解を（基準量）×（倍）＝（比較量）という理解，つまり，１とした数（基準）の何倍かを求める計算という理解に捉え直すことである。中島（1982）の述べる「拡張による統合」に該当する。統合的・発展的な考察は学習指導要領（平成29年告示）の算数・数学科の目標の中で言及されているように，数学的な考え方として重要なものである。加えて中島は，概念の拡張について考えさせることを，創造的な考えやその体験を与える重要な機会と認識し，その価値を子供に捉えさせるよう積極的に取り組むことこそ重要であると述べている。

　子供が初めてかけ算を学ぶのは第２学年である。一般的には加法をもとにした同数累加で意味づけられ，（一つ分）×（いくつ分）＝（全体）と言葉の式でまとめられる。例えば，４×３は４＋４＋４のように「４の３つ分」と解釈し，「４×３」という式になる。以降，第５学年になるまで整数倍の学習が続き，かけ算の意味は基本的には変わらない。

　ところが，本単元では（いくつ分）にあたる部分が小数になる。多くの場合，（一つ分）×（いくつ分）＝（全体）という言葉の式を拠り所として，乗法の立式を行っている。問題構造が同じならば，数値を変えても成り立つという形式不易の原理が前提となっている。しかし，この説明では子供の違和感は解消されない。

　例えば，整数倍の計算「80×3」は「80が３つ分」と理解していた子供が，小数倍の計算「80×2.4」に適用しようとすると，「80が2.4つ分」という説明になり，おそらく次のような違和感をもつはずである。

・「80×2.4」とは一体どういうことなのか。
・「2.4つ分」とはどういう意味なのだろうか。
・そもそも，80×2.4というかけ算にしていい理由はどこにあるのか。

　冒頭で述べたような意味の拡張を促すためには，これまでの理解では説明がつかない場面との出会いが必須である。子供が必要性に直面しない限り，自分自身の理解を捉え直すことなどできないからである。ましてや，このような違和感をもっている子供を無視して，式の意味を（一つ分）×（いくつ分）＝（全体）にまとめることはあってはならない。

学習したことは変えることができないものではなく，未知の問題に出会ったときに柔軟に変えていけるという「学び方を学ぶ」ことにこそ，本単元の価値がある。

2　この授業における工夫

整数倍で意味づけることの違和感に目を向けさせる

　本時では，同数累加の意味づけだけでなく，倍の意味づけも同時に引き出し適用させることが望ましい。子供はこれまでに，（一つ分）×（いくつ分）＝（全体）と一緒に，（量）×（倍）の意味づけについても学習してきている。また第5学年では比例の学習を通しての倍を用いている。

　例えば，右のような問題に対して，「80×3」になる理由として，「80が3つ分」と「80円の3倍」の2つの意味

> 1mの値段が80円のリボンがあります。
> このリボン3mの代金はいくらでしょう。

づけが出されるようにしておくことが大切である。そして，「3m」を小数に変えたときに，整数倍だけにしか適用できない意味と整数倍と小数倍のどちらにも適用できる意味があることを捉えさせる。

　しかし，この2つの意味は子供に任せていれば自然と出されるわけではない。そこで，次のような工夫をする。

　倍の意味づけを引き出すために，右のような比例数直線を活用する。比例は，かけ算が成立する前提となる数量の関係であり，基準の何倍の量にあたるかという倍関係を捉えやすい。そこで，比例関係が埋め込まれた数直線図を学習材とし，子供にとって既習の，倍の意味づけを引き出していく。

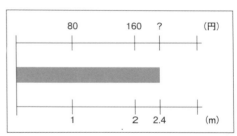

　一方，同数累加の意味づけは，第2学年時に学習し理解しているものの，引き出されにくい状態にある。例えば，2年生にかけ算の意味を教えに行くという設定をして学びを振り返り，かけ算の意味を理解した状態について確認しておくと，効果的である。子供は改めて自分が理解しているかけ算の意味を自覚することができる。右は，2年生がかけ算の意味を理解した状態と理解していない状態を想定し，5年生の子供が整理した評価規準である。

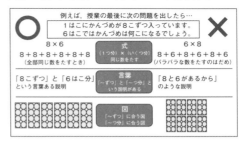

　本時の最後には，整数にも小数にも適用できる倍の意味づけで，2年生のかけ算場面も説明することを促す。こうして，子供は自分が理解していたかけ算の意味を，より一般化された意味として捉え直すことができる。

3 本時の学習指導

1）ねらい

乗数が整数でも小数でも，乗法を同じ意味で捉えることができる。

2）展開

【かけ算の式になる理由を説明する場面】

> 1mの値段が80円のリボンがあります。
> このリボン□mの代金はいくらでしょう。

T：問題です。代金を求める式は何
　　算になるでしょう。

T：例えば□の中が3だったら。　　C：80×3

C：80+80+80。でも，結局かけ算（80×3）と同じ意味。

T：80×3になるのはなぜと聞かれたら，みんなはどのように説明しますか。

C：1m80円のリボンが3mになると
　　いうのは，1mを3倍すると3m。
　　比例を使って80円も3倍になる。
　　だから，代金は80×3になる。

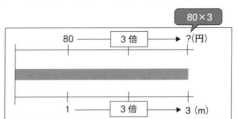

T：こんな図をかいていたね。

C：これは比例の考えを生かしている。

C：僕は別の説明で，3mのリボンを
　　1mずつに分けて説明しました。
　　1mずつ3つ用意すると，80円が
　　3つあるから80×3。

T：こんな図をかいていたね。これは比例じゃなくて何の考えを生かしているの？

C：たし算。さっき○○さんが言っていた80+80+80で80×3だ。

T：すると，かけ算になる理由を，みんなは「比例を生かす」と「たし算を生かす」
　　の2つで説明できるということですね。

【同数累加の意味づけでは，説明ができないことに気付かせる場面】

T：□の中がどんな数でもこの2つの理由で説明できると思いますか。

C：できる！　　C：できない場合がある　　C：分からない

C：小数とか分数とか入ったら，説明できるか分からない。

T：なるほど。では，□が2.4だったらどうでしょうか。

C：80×2.4になりそう。でも2.4つ分ってどういう意味？

C：「たし算を生かす」の説明は難しい。80円が2つ分はいいんだけど，0.4mの分
　　が80円じゃないから。

C：0.1mが80円の$\frac{1}{10}$で8円だから，0.4mは32円になる。

C：80+80+32は，同じ数をたしていないからかけ算とは言えない。

C：1mあたりの値段が「80円が2つ」
　　だから80×2までは分かる。80円
　　が0.4つ分の意味がよく分からない。

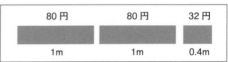

C：たし算をもとにした考えは整数だったら生かせる。小数だと生かせなくなる。

T：比例を生かした説明はできますか。

C：そっちだと説明できる。

C：この問題は比例の関係になっている。長さが1mから2.4mに2.4倍になっている。だから，値段の80円も2.4倍になるから80×2.4になる。

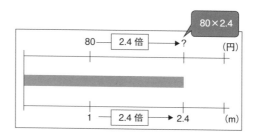

【整数と小数のかけ算の意味を統合する場面】

C：たし算の考えをもとにした説明は，整数限定。比例の考えをもとにした説明は小数も整数も生かせる。

C：多分□がなんでも生かせると思う。整数でも，小数でも，分数でも。

T：では，みんなが今度教えに行こうとしている2年生のかけ算の問題（右）も，比例の考えで説明できるのかな。

> 1はこに　かんづめが　8こずつ　入っています。
> 6はこでは　かんづめは　何こに　なるでしょう。

C：いけるいける。長さが箱になっているだけだ。1箱が6箱に6倍になっている。だから缶詰の個数も6倍になっている。

C：そういえば，比例のときの問題にも似ているよね。

T：改めて問題を見ると，比例の問題と似ているのはどこですか。

C：1箱が6箱になっているところ。

C：1箱がポイントだと思う。比例って，いつも1から2倍，3倍…にして，もう一方も2倍，3倍になるみたいな問題だった。

4　板書計画

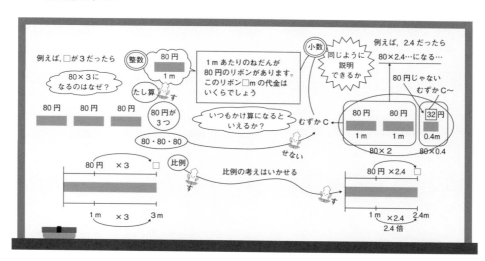

【参考文献】

中島健三（1982）『算数・数学教育と数学的な考え方―その進展のための考察― 第二版』金子書房.

28

第5学年
小数のわり算

小数を整数の式にするためには？

1　小数の除法の学習の要点

　計算の仕方は教師が教えてしまうのではなく，子供自身がつくることを大切にする。それは，新しい場面に出会っても，既習の計算で用いたきまりや法則を用いることで，新しく創ることができるという態度を子供に育てるためである。

　小数のわり算の計算の仕方を考える場面では，「数直線」や「わり算のきまり」を根拠とすることで，計算の仕方を子供が創ることができる。

数直線を根拠にした場合

> 1.8m のねだんが360円のリボンがあります。
> このリボン1m の代金はいくらでしょう。

　例えば，上の問題解決するときの計算「360÷1.8」は除数が小数であり，5年生にとっては未習である。しかし，「数直線」を使うことで，長さと代金に比例関係が内在していることが見いだされ，次のような整数に直す計算の仕方を創ることができる。

　1.8m を18等分すると0.1m になることから，360円も18等分して0.1m あたりの値段を20円と導くことができる。さらに，0.1m を10倍すると1m なので，20円も10倍して1m あたりの値段は200円となる。式にすると360÷18×10という整数の式になる。

　また，1.8m を10倍して18m にすると，値段も360円の10倍で3600円になる。1m あたりを出すために長さ18m を18でわるので，3600円も18でわると200円となる。式にすると，360×10÷18という整数の式になる。

　数直線の指導は，3年生のかけ算やわり算の学習のときに行う。数直線の

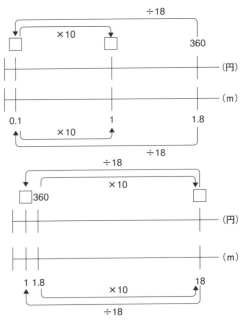

特徴は，その背景に比例の考えがあることであり，すべての数が対応していることである。「数直線を使って計算の仕方を考える」ということの実際は「比例の考えを働かせている」ということを自覚できるように指導することが重要である。

わり算のきまりを根拠にした場合

「わり算のきまり」を使うことで，計算の仕方を創ることもできる。

子供は「わる数とわられる数に同じ数をかけても商は変わらない」ということを整数場面で学習してきている。このことが小数場面でも成り立つと考えてみる。

$$360 \div 1.8$$
$$\times 10 \downarrow \quad \downarrow \times 10$$
$$3600 \div 18$$

$$360 \div 1.8$$
$$\times 5 \downarrow \quad \downarrow \times 5$$
$$1800 \div 9$$

このようにわる数とわられる数に同じ数をかけることで，整数の計算に直すことができる。このようなわり算のきまりは4年生の整数のわり算で中心的に扱う。$600 \div 30$は$60 \div 3$と答えが同じということだが，このとき子供は「0を取って計算すればいい」という理解になってしまうことがある。このような表面的な理解にならないように，わる数とわられる数を5でわって$120 \div 6$，2でわって$300 \div 15$のように，10以外の数でわることも扱っておくと，このきまりが活用できるようになる。

2　この授業における工夫

きまりが成り立つ理由を数直線で説明できるかを問う

子供はわり算のきまりをもちだす。このときの子供の説明は，「同じ数をかければ答えは変わらない」である。しかし，これは，整数同士の除法で成り立ったきまりは小数を含む除法でも成り立つと仮定している。

そこで，「$360 \div 1.8$と$3600 \div 18$がともに1mの代金になることを数直線でも説明できるかな」ときまりを数直線と結び付けて説明することを促す。子供は比例の考えを働かせて，1.8mの値段を比較量として基準量（1m）の値段を求めるのではなく，18mの値段を比較量として基準量の値段を求めているということを理解する。

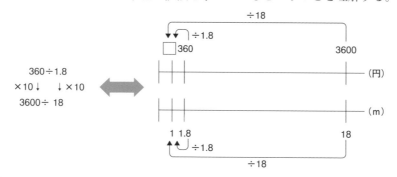

10倍するきまりだけでなく，他の数をかける場合のきまりについても同じように数直線と関連付けて説明させることで理解を深めることができる。

最後は，「結局いつもどのように計算していると言えるのか」と問うことで，比例の考えを働かせながら整数の計算に直し，基準量を求めていることを確認する。

3 本時の学習指導

1）ねらい

比例の考えをもとにして，小数のわり算の計算の仕方を説明することができる。

2）展開

（小数のわり算の意味については前時で学習している）

【わり算の式になる理由を説明する場面】

> 1.8m のねだんが360円のリボンがあります。
> このリボン1mの代金はいくらでしょう。

T：代金を求める式を書きましょう。
C：わり算になる。360÷1.8
T：どうして360÷1.8になると言えますか。
C：かけ算の逆。□×1.8＝360
　　わり算にすると，360÷1.8になる。
C：1.8を1にするには1.8でわればいい。
　　数直線を使えば説明できる。

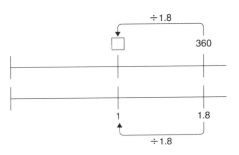

【小数のわり算の計算の仕方を考える場面】

T：どうしたら答えが出せそうですか。
C：数直線を使う。
C：わり算のきまりを使う。
C：数直線でいきなり1mのところは求
　　められないから，求められるところを
　　探せばいい。
C：例えば，0.1mの値段なら求められそ
　　う。1.8mを18等分すると0.1mになる
　　から，360円も18等分して20円だ。
C：0.1mを10倍すると1mなので，20円
　　も10倍して1mの値段は200円になる。
C：式にすると「360÷18×10」という整数
　　の式になる。これなら計算できる。
C：10倍すれば18mの値段も分かるよ。360
　　円の10倍で3600円だ。
C：今度は3600を18でわれば，1mの値段
　　が出せる。200円だ。
C：式にすると，「360×10÷18」になるね。

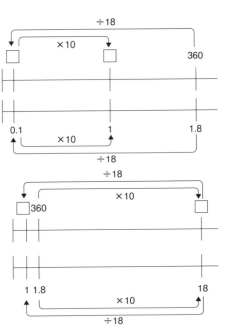

C：わざわざそんなことをしなくても，10倍すれば小数点がなくなる。

C：わり算って，両方（わる数とわられる数）に同じ数をかけても答えは変わらないじゃないですか。例えば，8÷2＝4 も80÷20＝4 も答えは変わらない。

C：360÷1.8なら，両方10倍にして3600÷18にしても答えは変わらないと思う。それができたら，整数の計算になる。

【わり算のきまりと数直線をつなげる場面】

T：なるほど。整数のときのわり算のきまりを生かせば，整数の計算にできるんだ。10倍して3600÷18になることを数直線でも説明できますか。

C：3600÷18はさっきの数直線にあった。

C：10倍して18m の値段を求めてから1m の値段を求めるときと同じことをやっていたんだ。

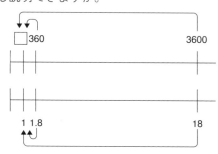

C：小数の場合も，やっぱり答えは変わらないね。

T：でも10倍以外は整数にできませんね。

C：いや100倍でも，5倍でもできるよ。

C：両方100倍すれば，36000÷180。両方5倍すれば，1800÷9。

C：これも，数直線で説明できる。どの方法も，一旦大きくして，それから1m の値段を求めている。これ，比例だね。

T：結局，小数のわり算はどうやって計算していると言えますか。

C：小数のままでは計算できないから，整数の計算に直して計算している。

C：わり算のきまりや比例の考えを使えば，整数の計算に直すことができる。

4 板書計画

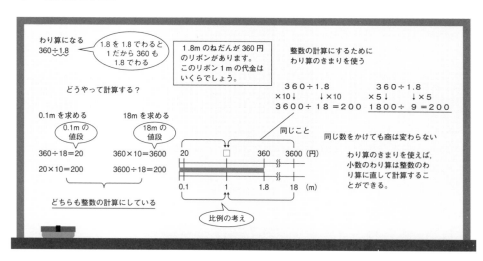

29

第6学年
分数のかけ算と分数のわり算

わり切れないときはどうするの？

1 分数×整数，分数÷整数の指導の要点

　子供はこれまでに，整数や小数に整数をかけたり整数でわったりする計算の仕方ついて学習してきている。本単元は被乗数や被除数を分数に広げたときの計算の仕方について考察する。

　乗数が整数のときの計算の仕方は，同数累加で説明することができる。例えば，2年生でかけ算を学習するとき，「1ふくろに5こずつ入ったあめの4ふくろ分の個数」を求める問題について，「5こが4つ分」なので 5×4 と立式し，「$5 + 5 + 5 + 5$」とその計算の仕方を説明してきている。また，3年生で分数の学習をするとき，$\frac{4}{5}$ m の長さのテープは $\frac{1}{5}$ m のテープを4つ集めた長さであることを学習している。これは表現だけをみれば，「$\frac{1}{5}$ m が4つ分」なので $\frac{1}{5} \times 4$ と立式することもできる。この場面で立式するかどうかは別として，子供は頭の中で「$\frac{1}{5} \times 4 = \frac{1}{5} + \frac{1}{5} + \frac{1}{5} + \frac{1}{5} = \frac{4}{5}$」という計算を行っていることになる。

　このように学習してきている子供に，被乗数を分数に拡げても同じように計算の仕方を説明することを促す。例えば，$\frac{4}{5} \times 3$ は「$\frac{4}{5}$ が3つ分」なので，「$\frac{4}{5} + \frac{4}{5} + \frac{4}{5} = \frac{4 + 4 + 4}{5} = \frac{4 \times 3}{5}$」と説明できる。さらに単位分数に着目して，「$\frac{4}{5}$ は $\frac{1}{5}$ の4つ分」と考えれば，「$\frac{4}{5} \times 3 = (\frac{1}{5} \times 4) \times 3 = \frac{1}{5} \times (4 \times 3) = \frac{4 \times 3}{5}$」と計算できる。式の操作だけでは難しいとき，右のような面積図と式の操作を対応させながら説明させるとよい。

まずは「$\frac{4}{5}$」が図に表され，次に単位分数の「$\frac{1}{5}$」が明らかにされ，「$\frac{4}{5}$ が3つ分」と増えていく。完成された面積図でなく，出来上がっていく過程を共有することを大切にしたい。このこと

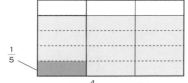

図：$\frac{4}{5} \times 3$ の面積図

はどんな分数×整数の計算でも成り立つので，形式化すれば次のようにまとめられる。

$$\frac{b}{a} \times c = \frac{b \times c}{a}$$

　分数に拡張したときに子供が戸惑うのは，かけ算よりもわり算の計算の仕方を考えるときである。例えば，$\frac{4}{5} \div 2$ は，「$(\frac{1}{5} \times 4) \div 2 = \frac{1}{5} \times (4 \div 2) = \frac{4 \div 2}{5}$」と，かけ算のときと同じように計算の仕方を説明することができる。しかし，$\frac{4}{5} \div 3$ になると同じように計算できなくなる。「$(\frac{1}{5} \times 4) \div 3 = \frac{1}{5} \times (4 \div 3)$」となり，4÷3が割り切れないのである。これは，被除数を分数に広げたからこそ生じる問題で

ある。この問題を解決するには、「分数は同じ大きさでも別の形で表現できる」という分数の性質を使う。$\frac{4}{5}$ を $\frac{12}{15}$ と表現すれば、計算できるようになるのである。

このように分数の問題を解決する過程を経験することは、分数÷分数の計算の仕方を考えるときにも役立つ。例えば、$\frac{4}{5} \div \frac{2}{3}$ の計算の仕方を考える場面では、かけ算と同じように分母同士、分子同士計算すると、$\frac{4 \div 2}{5 \div 3}$ となり、分母の $5 \div 3$ が割り切れない。ここで、本単元の学習を生かし、3で割れる数に表現を変えて解決しようとすることが期待できる。

2 この授業における工夫

「わり切れないとき、どのように計算するか」に問題を焦点化する

分数×整数の計算の仕方について考えてきた子供の中には、分数÷整数の計算の仕方を考えるとき、「かけ算のときは、分子にかける数をかけたから、わり算は分子をわる数でわればいい」と考える子供がいる。本実践はこの考えを中心に扱っていく。まず、わる数を変数にした問題を提示する。

$\frac{4}{5}$ ㎡のへいをぬるのに、ペンキを□ dL 使います。
このペンキでは 1 dL あたり何㎡ぬれますか。

□にどんな数が入れば簡単に計算できるかを問うと、2や4などの数が出される。これは感覚的に分子の4をわり切ることができる数であることを子供が捉えているからである。そこで、わり切れる数から□にあてはめ、計算の仕方を考える。

□が2だったら：$\frac{4}{5} \div 2 = \frac{1}{5} \times 4 \div 2 = \frac{4 \div 2}{5} = \frac{2}{5}$

必要に応じて面積図や数直線図などと対応させて説明させる。この説明には納得できても、次のような疑問が子供から出されるだろう。

「でも、その方法だと□が3だったら、計算できなくなるよ」

子供から出なければ、教師が□に3を入れてみせればよい。そして計算させてみる。

□が3だったら：$\frac{4}{5} \div 3 = \frac{1}{5} \times 4 \div 3 = \frac{4 \div 3}{5}$

ここで $4 \div 3$ が計算できないという問題が生じる。まずこの問題に気付けたことを価値付ける。その後、「この方法は使えない」として他の方法を検討するのではなく、「わり切れないときどうすればよいか」と子供が気付いた問題に焦点化し、解決の方法を考えさせる。子供は分数の約分や通分を学習した際、「分数は同じ大きさでも別の形で表現できる」という分数の特徴について学習している。$\frac{4}{5}$ は $\frac{8}{10}$，$\frac{12}{15}$，$\frac{16}{20}$ …と表現を変えることができることを生かして、$\frac{12}{15}$ にすることでこの問題を解決していく。

$\frac{4}{5} \div 3 = \frac{4 \times 3}{5 \times 3} \div 3 = \frac{4 \times 3 \div 3}{5 \times 3} = \frac{4}{5 \times 3}$

この1問の解決で終えるのではなく、□が他の数だったらどうだろうと考察させたい。

□がどんな数でも同じように計算できることが確認できたところで、形式化してこの方法をまとめる。このように、わり切れないとき問題を分数の特徴を生かして乗り越え、形式化までする経験ができることに、本実践の価値がある。

3 本時の学習指導

1）ねらい

分数÷整数の計算の仕方を考えることを通して，その仕方を形式化することができる。

2）展開

【わり算の式になる理由を説明する場面】

> $\frac{4}{5}$ ㎡のへいをぬるのに，ペンキを□dL 使います。
>
> このペンキでは 1 dL あたり何㎡ぬれますか。

T：□にどんな数が入れば解決できそうですか。

C：2 だったら簡単そう。だって半分っていうことだから。

C：0.5 だったら簡単そう。2 倍すればいい。

T：□が 2 だったら，どんな式になりますか。

C：$\frac{4}{5}$ ÷ 2 です。

C：だって，ペンキの量が 2 dL から
   1 dL に半分になっているから，
   ぬれる面積も半分になるはず。

C：比例していると考えれば，わり算
   で求められる。

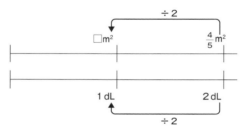

T：どうやって計算しましたか。

C：$\frac{4}{5}$ は $\frac{1}{5}$ が 4 つ分っていうこと。半分だから，4 ÷ 2 で $\frac{1}{5}$ が 2 つ分になる。

C：$\frac{4}{5}$ ÷ 2 = $\frac{4 ÷ 2}{5}$ = $\frac{2}{5}$

C：かけ算のときと同じだ。分子をわればいいんだ。

C：あれ，でも分子がわれないときはどうするの？
   例えば，□が 3 だったら，$\frac{4}{5}$ ÷ 3 になる。そうすると 4 ÷ 3 はできなくなるよ。

T：問題が発見できたね。みんなでこの場面を考えていこう。

【わり算の性質を使って解決する場面】

T：$\frac{4}{5}$ ÷ 3 のときは，どうやって計算したらいいかな。

C：$\frac{4}{5}$ は $\frac{1}{5}$ が 4 つ分。4 つ分を 3 でわるとまた分数になっちゃう。

C：3 でわれる数だったら計算できるのに。

C：$\frac{4}{5}$ を変身させたらいいんじゃない。分数のたし算やひき算のときに通分したみ
   たいに，$\frac{4}{5}$ を 3 でわれるように変身させたらいいよ。

C：確かに，分数は同じ大きさでもいろんな表し方ができた。

T：$\frac{4}{5}$ を 3 でわれる分数に変えることはできるかな。

C：分数は分母と分子に同じ数をかけても大きさは変わらない。

C：$\frac{4}{5}$ だったら，$\frac{8}{10}$，$\frac{12}{15}$，$\frac{16}{20}$，$\frac{20}{25}$ …と変えても大きさは変わらない。

C：$\frac{12}{15}$ に変身させたら，3でわれるよ。$\frac{12 \div 3}{15} = \frac{4}{15}$ だ。

C：分母と分子に3をかければ，3でわれるようになる。

T：この解決方法を式で表現してみよう。

$$\frac{4}{5} \div 3 = \frac{4 \times 3}{5 \times 3} \div 3$$
$$= \frac{4 \times 3 \div 3}{5 \times 3}$$
$$= \frac{4}{5 \times 3}$$

C：あ，3でわっていたのに，分母に3をかけていることになる。

C：分子は×3と÷3で1になっちゃうんだ。

C：他の数のときも，そうなるのかな。

【整数と小数のかけ算の意味を統合する場面】

T：□に他の数を入れて，計算してみよう。

C：私は□に7を入れてみよう。

$$\frac{4}{5} \div 7 = \frac{4 \times 7}{5 \times 7} \div 7$$
$$= \frac{4 \times 7 \div 7}{5 \times 7}$$
$$= \frac{4}{5 \times 7}$$

やっぱり，分母に7をかけることになる。

C：□に6を入れて $\frac{4}{5} \div 6$ にしても，やっぱり $\frac{4}{5 \times 6}$ になる。

T：つまり，分数÷整数（$\frac{b}{a} \div c$）は，どのように計算できるといえますか。

C：$\frac{b}{a} \div c = \frac{b}{a \times c}$

C：わる数を分母にかけて計算できるね。

4 板書計画

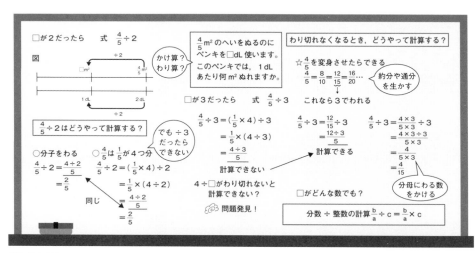

【参考文献】
坪田耕三（2014）「算数科授業づくりの基礎・基本」東洋館出版社　pp297-302.

<table>
<tr><td>**30**</td><td>第6学年
分数のかけ算</td></tr>
</table>

小数に直せない分数は
どうやって計算する？

1　分数×分数の学習の要点

　子供は5年生の小数のかけ算の学習で，（一つ分）×（いくつ分）＝（全体）から（基準量）×（倍）＝（比較量）へ意味を拡張している。この学習により，1とした数（基準）の何倍かを求める計算としてかけ算を理解し，計算の仕方を考えてきた。

　本単元のねらいは，それらを既習として，小数から分数へ考察の対象を広げても同じように考えることができるかを追究し，整数や小数のかけ算と分数のかけ算とを統合することにある。

　小数のかけ算の計算の仕方は，数直線と計算のきまりを活用している。例えば，80×2.3の計算の仕方について，数直線を使うと次のように考えることができた。

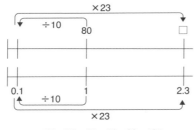
80×2.3＝80÷10×23＝184

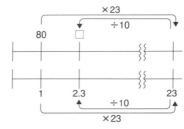
80×2.3＝80×23÷10＝184

　また，「乗数や被乗数を2倍3倍すると，積も2倍3倍になる」という計算のきまり（比例関係）を使うと，次のように考えることができた。

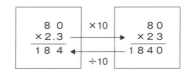

$$80 \times 2.3 = 184$$
$$\times 10 \downarrow \qquad \uparrow \div 10$$
$$80 \times 23 = 1840$$

　いずれも小数のまま計算するのではなく，計算できる形に変えて計算していることになる。分数のかけ算の計算の仕方も，この既習をもとに考えることで，整数や小数のかけ算と同じように考えられると捉えられるようになる。

しかし，小数のかけ算の学習経験があれば，その既習をもとに分数のかけ算も同じように考えようとするかというと，そうではない。数学的に小数と分数は同じ数を表していてその表現方法が異なるだけであるが，子供は小数と分数とをそれぞれ別のものと捉える傾向がある。そもそも，生活の中で量を表現するときに小数を用いることはあるが分数を用いる場面はなかなかない。子供が分数を用いる場面のほとんどは，割合の意味である。このように，子供は小数と分数とを場面を分けて用いる経験を積んできている。また，本単元の指導でよく用いられる面積図は，これまで分数の学習で用いられることが比較的多く，小数の指導ではほとんど活用されてこなかったものである。さらに，導入の数値は小数に直すことができない分数が用いられることが多い。もしかしたらこのような指導が，分数のかけ算と整数や小数のかけ算とを関連付けて考えることを難しくしている要因になっているかもしれない。

2　この授業における工夫

小数に直せる分数から導入し，小数に直せない分数のかけ算へ発展させる

未習である分数のかけ算の計算の仕方を考えるとき，子供はこれまで学習してきた計算が使えないかと考える。本単元では，分数のかけ算を整数や小数のかけ算にすることができないかと考える。このような子供の追究を可能にするために，小数に直せる分数「$\frac{4}{5} \times \frac{3}{4}$」で導入する。

$\frac{4}{5}$ は0.8，$\frac{3}{4}$ は0.75にできることから，$0.8 \times 0.75 = 0.6$ となり，答えは$0.6 = \frac{3}{5}$ であることが確認できる。このとき，小数のかけ算の計算の仕方を確認し，前述のような数直線を用いた考えやかけ算のきまりを用いた考えを共有する。これが，かけ算の計算の仕方を考えるときに共通するものであり，分数のかけ算の仕方を考えるときにもととなる考えだからである。

その後，小数に直せない分数について考える活動へと展開する。このような展開は，できることなら子供の「でも小数に直せないときはどうするの？」といった声をもとに発展させていくことを期待したい。そのような声が出ない場合は教師から発問する。子供は，小数には直せないけれど計算の仕方は生かせそうだと見通しをもつ。このように，数直線やかけ算のきまりを使って考えることに焦点化して，分数のかけ算の計算の仕方を考える。

数直線やかけ算のきまりが成り立つものとして考えることで，整数や小数のかけ算と関連付けながら，子供が自ら分数のかけ算の計算の仕方を創っていけるようにする。

3　本時の学習指導

1）ねらい

　分数×分数の計算の仕方を考え，既習の整数や小数のかけ算の考え方と統合させることができる。

2）展開

【かけ算の式になる理由を説明する場面】

> 1 dL あたり $\frac{4}{5}$ m² ぬれるペンキがあります。
> このペンキ $\frac{3}{4}$ dL では，何 m² ぬれますか。

T：求めるための式は，何算になりますか？

C：かけ算になる。$\frac{4}{5} \times \frac{3}{4}$

C：数直線にすると分かる。$\frac{4}{5}$ m² を 1 とすると，求める面積は $\frac{4}{5}$ m² の $\frac{3}{4}$ 倍になる。

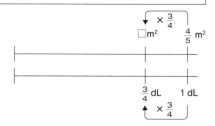

【計算の仕方を考える場面】

T：どのように計算したらよいかな。

C：小数のかけ算だったら計算できる。
　　$0.8 \times 0.75 = 0.6$

$$0.8 \times 0.75 = 0.6$$
$$\times 10 \downarrow \times 100 \downarrow \qquad \uparrow \div 10 \div 100$$
$$8 \ \times \ 75 = 600$$

C：きまりを使って整数のかけ算に戻して計算したね。

C：数直線を使って，0.01dL あたりの面積を求める方法もある。
　　$0.8 \div 100 \times 75 = 0.008 \times 75 = 0.6$

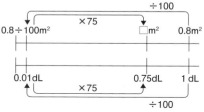

C：$0.6 = \frac{6}{10} = \frac{3}{5}$。だから $\frac{4}{5} \times \frac{3}{4} = \frac{3}{5}$ っていうことだ。

C：でも小数にできないときはどうする？　例えば $\frac{4}{5} \times \frac{2}{3}$ だと，$\frac{2}{3}$ は小数にできないよ。

T：分数のままでも計算できる方法を考えよう。

C：小数のかけ算の考え方は使える。
　　数直線を使って $\frac{1}{4}$ dL あたりの面積を求めてから 3 倍すると考えれば，$\frac{4}{5} \div 4 \times 3$ となる。

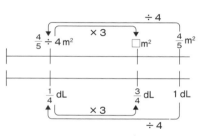

C：$\frac{4 \times 3}{5 \times 4} = \frac{12}{20} = \frac{3}{5}$ だ。

C：別の方法もある。3 dL あたりの面積を求めてから「÷ 4」をして，$\frac{3}{4}$ dL でぬれる面積を求めれば，$\frac{4}{5} \times 3 \div 4$ という式になる。

C：これも，$\frac{4\times3}{5\times4}=\frac{12}{20}=\frac{3}{5}$ でさっきと同じ計算だね。

C：これなら小数にできない $\frac{4}{5}\times\frac{2}{3}$ の式でも，計算できそうだね。

C：きまりを使って整数の計算に戻す考え方も使えるよ。

C：$\frac{4}{5}$ は 5 倍すれば 4 。$\frac{3}{4}$ は 4 倍すれば 3 になる。

C：$\frac{4}{5}\times\frac{3}{4}=(\frac{4}{5}\times5)\times(\frac{3}{4}\times4)\div5\div4$
$\quad=\frac{4\times3}{5\times4}$
$\quad=\frac{12}{20}$
$\quad=\frac{3}{5}$

C：また途中から同じ計算になった。

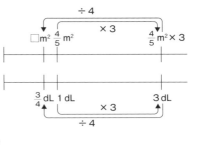

$\frac{4}{5} \times \frac{3}{4}=\frac{12}{20}$

$\times5\downarrow\times4\downarrow\quad\uparrow\div5\div4$

$4\times3\quad=12$

【整数や小数のかけ算と分数のかけ算を統合する場面】

T：$\frac{4}{5}\times\frac{3}{4}$ は結局どうすると計算できると言えますか。

C：$\frac{4}{5}\times\frac{3}{4}$ も計算できる形にする。

C：$\frac{4}{5}\times\frac{3}{4}$ は全部 $\frac{12}{20}$ という分数が出てきた。分子は 4×3 で分母は 5×4。つまり，分母同士，分子同士をかければ計算できる。

T：だったら，このあと考えたいことはありますか。

C：他の分数のかけ算でも，同じように計算できるのか確かめたい。例えば，$\frac{4}{7}\times\frac{2}{3}=\frac{2\times4}{7\times3}=\frac{8}{21}$ でいいのか？

C：わり算も同じように考えられるのか考えたい。例えば $\frac{4}{5}\div\frac{3}{4}$ はどうやって計算するのか？

4 板書計画

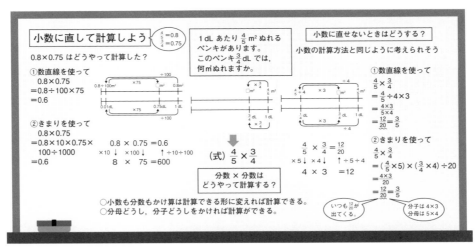

【参考文献】

杉山吉茂（2010）『公理的方法に基づく算数・数学の学習指導』東洋館出版社.

第6学年
分数のわり算

計算できる形に変身させるには？

1　分数のわり算の指導の要点

　本単元は初等教育において四則計算の仕方を学習する最後の単元となる。分数÷分数の計算の仕方は，子供が初めて出合う未知の学習ではあるが，これまでに学習してきた計算の仕方を活用して，自ら乗り越えていく姿を期待したい。

　子供が分数÷分数の計算の仕方を自分で創ることは，可能ではある。しかし，本単元の指導だけでは難しい。例えば，「分数×分数の計算は分母同士をかけて分母とし，分子同士をかけて分子とした。わり算はその逆だから，分母同士をわって分母とし，分子同士をわって分子とすればよい」と考える子供は，分数÷分数の計算の仕方を自分で考え出していると言えるだろう。しかし，このような計算の仕方を考え出すことができるかどうかは，これまでの学習がどう行われているかに依存する。このような考えは，乗除の関係を知っていると同時に，その関係を利用する経験を通して，かけ算を学習すればその逆のわり算も考えたくなるといった学び方が身に付いているから出されるものである。

　杉山（1990）は，「分数のわり算はどのようにするのか」という問題は，「わり算」について知っていることをもとにすれば理解できると述べている。上述のような考えは，わり算がかけ算の逆の計算であるという「わり算の性質」をもとにして解決しているものとみることができる。

$$\frac{4}{15} \div \frac{2}{3} = \frac{4 \div 2}{15 \div 3} = \frac{2}{5}$$

この計算の仕方は，例えば分母の15を5に変えて$\frac{4}{5} \div \frac{2}{3}$にすると分母がわれなくなる。しかし，分数には同じ大きさを表す分数が数多くあるという特徴を生かせば，次のように計算することができる。

$$\frac{4}{5} \div \frac{2}{3} = \frac{(4 \times 3)}{(5 \times 3)} \div \frac{2}{3} = \frac{(4 \times 3 \div 2)}{(5 \times 3 \div 3)}$$

この他にも次のような「わり算について知っていること」をもとにすることもできる。

わり算はいくつ分含んでいるかを調べる計算という「わり算の意味」

　わり算の学習では等分除と包含除の二つの意味付けで学ぶ。このことをもとにすると，例えば$\frac{4}{5} \div \frac{2}{3}$のわり算を，「$\frac{4}{5}$の中に$\frac{2}{3}$がいくつ含まれているか」という包含除的に考える子供がいる。この場合，単位を揃えて$\frac{12}{15} \div \frac{10}{15}$とし，単位が同じだから，12÷10とすればよいと考えられる。

除数と被除数の両方に同じ数をかけても商は変わらないという「わり算のきまり」

小数のわり算を学習したとき，$360 \div 1.8 = 3600 \div 18$ として計算することを学ぶ。このことをもとにすると，例えば $\frac{4}{5} \div \frac{2}{3}$ のわり算の除数と被除数に 3 をかけて，$\frac{12}{5} \div 2$ とすればよいと考えられる。

このいずれの方法も，分数のわり算は除数の逆数をかけるというようにまとめることができる。しかし，このようなまとめに 1 時間の授業でたどりつくことより，子供が「わり算」について知っていることをもとに，分数÷分数をどのように解決できるか，その可能性を吟味することが重要である。

2 この授業における工夫

わり算のきまりをもとに計算の仕方を考えさせる

本時では，除数と被除数の両方に同じ数をかけても商は変わらないというわり算のきまりに基づいて計算の仕方を考える。そのよさは，整数も小数も分数も，わり算の計算の仕方は，ともに同じ一つのきまりをもとに作られていることが理解できることである。

整数のわり算を学習したときには，例えば $144 \div 16$ の計算について両方を 8 でわり $18 \div 2$ という式にして計算した。$3200 \div 400$ の計算は $32 \div 4$ として計算した。「0 を 2 つ取って計算する」と説明する子供をよく見るが，これも除数と被除数の両方を 100 でわって計算しているのである。

$$
\begin{array}{c}
144 \div 16 = 9 \\
\div 8 \downarrow \quad \downarrow \div 8 \\
18 \div 2 = 9
\end{array}
$$

このように，整数も小数も分数もわり算の計算の仕方は，それぞれ個別の知識として理解するのではなく，共通する法則によって互いに関連付けられた知識として理解することができるのである。

このとき意識したいことは，このきまりを知ることを目的とするのではなく，生かして使うことができるようにすることである。そこで，本実践ではこれまでのわり算の計算の仕方を振り返り，未習のわり算に出合ったとき，既習のわり算の式に変えて考えたことを想起させる。子供は，小数のわり算の場面を整数の式にした学習経験などを想起する。その後，未習の，分数÷分数の計算の仕方について考察させる。子供は，小数のわり算を解決した経験から，未習の分数のわり算も既習の整数のわり算にできないかと考える。そして，その達成のために「除数と被除数の両方に同じ数をかけても商は変わらない」というわり算のきまりを活用する。

$$
\begin{array}{c}
\frac{4}{5} \div \frac{2}{3} \\
\downarrow \quad \downarrow \\
\boxed{\text{整数のわり算}}
\end{array}
$$

過程を式に表現することで，$\frac{4}{5} \div \frac{2}{3} = (\frac{4}{5} \times 15) \div (\frac{2}{3} \times 15) = (4 \times 3) \div (2 \times 5) = \frac{4 \times 3}{2 \times 5}$ となり，除数の逆数をかけているとまとめることもできる。しかし，このまとめを急がず，わり算の法則を使うことで計算できるようになるということを自覚させたい。この点にこそ，冒頭に述べた初等教育において四則計算の仕方を学習する最後の単元となることの意義がある。

3 本時の学習指導

1）ねらい

わり算のきまりをもとに，分数÷分数の計算の仕方を考えることができる。

2）展開

【わり算の計算の仕方を振り返る場面】

T：これまでどんなわり算の計算を学習してきましたか。

C：整数のわり算。例えば28÷7

C：あまりのあるわり算。例えば31÷4

C：小数のわり算。例えば360÷1.8

T：わり算の計算の仕方について知っていることを教えてください。

C：かけ算を使う。28÷7は7×□のように7の段を使った。

C：小数のわり算は整数に戻す。360÷1.8を10倍して3600÷18にして計算した。

C：両方5倍すれば，1800÷9にもできた。

```
      360÷1.8              360÷1.8
   ×10↓    ↓×10         ×5↓    ↓×5
     3600÷18              1800÷ 9
```

C：わり算はわる数とわられる数に同じ数をかけても商は変わらないから，計算できる形に変身させたんだよね。

【分数÷分数の計算の仕方を考える場面】

T：分数のわり算，例えば，$\frac{4}{5} \div \frac{2}{3}$ の計算の仕方について考えましょう。

C：これまで学習したわり算の計算の仕方が使えそう。

C：かけ算を使ったらどうかな。$\frac{2}{3} \times □$ が $\frac{4}{5}$ になるように。

C：分子は2×2で4になるから2になる。分母は3×□で5にするのは難しい。

C：だったら，小数のときみたいに両方に同じ数をかけて整数にする方法はどう？

T：どうしたら分数のわり算を整数のわり算に変えることができますか。

C：$\frac{4}{5}$ と $\frac{2}{3}$ どっちも同じ数をかければいいから，5をかけたらどう？

```
      4/5 ÷ 2/3
   ×5↓    ↓×5
      4 ÷ 10/3
```

C：それだとわられる数は整数になるけど，わる数は $\frac{10}{3}$ で分数のままだ。

C：だったら，さらに3をかけたらいい。

C：5と3をかけるなら，最小公倍数の15をかけたらどちらも整数になるはず。

```
      4/5 ÷ 2/3
   ×15↓    ↓×15
      12 ÷ 10
```

C：整数のわり算，12÷10にすることができた。

12÷10＝$\frac{12}{10}$＝$\frac{6}{5}$ だ。

C：15倍しなくても，3倍でも計算できる。

C：そうか，わる数が整数になれば計算できる。

$$\frac{12}{5} \div 2 = \frac{12}{5 \times 2} = \frac{12}{10} = \frac{6}{5}$$

答えは一緒だ。

$$\frac{4}{5} \div \frac{2}{3}$$
$$\times 3 \downarrow \qquad \downarrow \times 3$$
$$\frac{12}{5} \div 2$$

【共通点を見いだし方法をまとめる場面】

T：$\frac{4}{5} \div \frac{2}{3}$ は，結局どうすると計算できると言えますか？

$$\frac{4}{5} \div \frac{2}{3}$$
$$= (\frac{4}{5} \times 15) \div (\frac{2}{3} \times 15)$$
$$= (4 \times 3) \div (2 \times 5)$$
$$= \frac{12}{10}$$
$$= \frac{6}{5}$$

$$\frac{4}{5} \div \frac{2}{3}$$
$$= (\frac{4}{5} \times 3) \div (\frac{2}{3} \times 3)$$
$$= \frac{(4 \times 3)}{5} \div 2$$
$$= \frac{12}{10}$$
$$= \frac{6}{5}$$

C：わる数とわられる数に同じ数をかけて，わる数を整数にできれば計算できる。

C：$\frac{4 \times 3}{5 \times 2}$。分子が $4 \times 3 = 12$ で分母が $5 \times 2 = 10$ になっている。

C：つまり，$\frac{4}{5} \div \frac{2}{3}$ は $\frac{4}{5} \times \frac{3}{2}$ と同じだ。

T：だったら，次はどんなことを考えたいですか。

C：この方法はいつでも使えるのか確かめたい。
例えば，$\frac{4}{5} \div \frac{2}{7}$ だったらどうか。

C：今度は7をかければわる数を整数にできた。

C：$\frac{4}{5} \div \frac{2}{7}$ が $\frac{4}{5} \times \frac{7}{2}$ と同じになった。
わる数の分母と分数を逆にしてかけると計算できそうだ。

$$\frac{4}{5} \div \frac{2}{7}$$
$$= (\frac{4}{5} \times 7) \div (\frac{2}{7} \times 7)$$
$$= \frac{(4 \times 7)}{5} \div 2$$
$$= \frac{(4 \times 7)}{(5 \times 2)}$$
$$= \frac{28}{10}$$
$$= \frac{14}{5}$$

4　板書計画

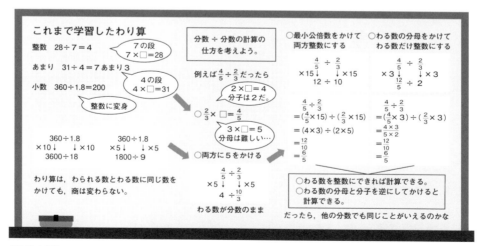

【参考文献】

杉山吉茂（1990）『力がつく算数科教材研究法—21世紀の算数教育のためのバイブル—』明治図書.

分数を小数や整数に置き換えて計算するには？

1 「分数と小数と整数の混合計算」の指導の要点

　本単元は，小学校において学ぶ数についての四則計算のまとめである。そして，本単元で育成される資質・能力は，中学校数学における「負の数」「無理数」といった数を拡張したときの計算の考察などに生かされていくものである。つまり，かけ算の学習においては，小学校のまとめと中学校への発展という位置づけである。そこで，これまでに学んだことを用いて統合的・発展的に考察し，新しい算数を創ることを大切にしていきたい。具体的には，分数・小数・整数といった「数の表現」について統合的に考察することで，分数・小数・整数の混合計算について，いつでも使える方法として計算の仕方を一般化していくことである。

　子供は，第6学年で分数の乗法及び除法の意味や計算について学ぶ。これにより，分数・小数・整数それぞれの数について，加法及び減法，乗法及び除法などの意味や計算ができる状態である。そして，それまでの過程において，整数と小数，整数と分数，分数と小数の二つずつの関係を見ることができるようになっている。具体的には次のような関係である。

・整数と小数の関係：整数は，小数で表すことができる。（ $2 = 2.0$ など）

・整数と分数の関係：整数は，分数で表すことができる。（ $2 = \frac{2}{1}$ など）

・分数と小数の関係：小数は，分数で表すことができる。（ $0.2 = \frac{1}{5}$ など）

　これにより子供は，本単元においても「数の表現」を揃えて計算すればよいのではないかと考えることができる。

　分数・小数の相互関係を意識し，子供が「数の表現」について統合的に考察することは，学習指導要領（平成29年告示）解説算数編にある「算数を統合的・発展的に考察していくことで，算数の内容の本質的な性質や条件が明確になり，数理的な処理における労力の軽減も図ることができる。」ということそのものであり，ここに本単元の価値がある。

2 この授業における工夫

「数の表現」に着目させ，いつでも使える方法を考えさせる

　分数と小数と整数の混合計算の問題場面を設定し，次のように一部を変数にした計算を提示する。

$$0.25 \times \square \div 2$$

　「□の中にどんな分数を入れてみますか？」と子供とやり取りをしながら，$\frac{1}{2}$ を入れて計算をさせる。多くの子供が $\frac{1}{2}$ を0.5にして計算をするだろう。もちろん，0.25を $\frac{1}{4}$ に，2を $\frac{2}{1}$ にというように，小数や整数を分数で表し，分数に揃えて計算する方法でもよい。ここでは，子供が自分で考えた方法で計算することを大切にしたい。子供は自分の考えの確からしさを実感し，これまでと同じように，「数の表現」を揃えて計算すればよいことが分かる。

　次に，□に $\frac{1}{6}$ を入れてみる。子供は先ほどと同じように計算しようとするが，分数を小数で表そうとする子供は，$\frac{1}{6}$ ＝0.16666…となり，循環小数になってしまうため計算の処理ができなくなる。この分数を小数で表そうとした思いに共感しつつ，そうするとうまくいかなくなることを学級全体で共有する。そして，「うまくいかないことが分かった」ということを大いに価値付けたい。

　そこで「他にどんな分数だとうまくいかなくなるか？」と問い，授業の導入で子供とやり取りをした分数について検討してみる。これをまとめたのが，右の写真である。このようにまとめてみることで，分数を小数で表そうとするとうまくいかなくなるものが多くあることを子供は実感した。

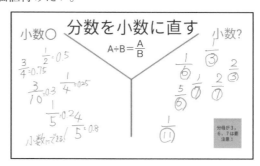

　その後，$\frac{1}{3}$ や $\frac{1}{7}$ など，うまく小数で表せない分数を□に入れてみる。これにより，小数を分数で表し，分数に揃えて計算する方法は，約分が必要な場合があるが，うまくいかなくなることはないことを確認する。

　このようにして，分数に揃えて計算する方法のよさ，つまり，いつでも使える方法であることを理解させていくのである。

3　本時の学習指導

1）ねらい

　分数・小数・整数の混合計算において，分数に揃えて計算する方法のよさを理解させる。

2）展開

【「数の表現」を揃えて計算することを確かめる場面】

$$0.25 \times \square \div 2$$

T：□にどんな分数を入れてみますか。

C：$\frac{1}{2}$，$\frac{1}{3}$，$\frac{1}{5}$，$\frac{1}{6}$，$\frac{2}{3}$…

T：□＝$\frac{1}{2}$として，$0.25 \times \frac{1}{2} \div 2$にしてみましょう。

C：分数と小数と整数が混じっているから，このままだと計算できないです。

C：だから私は，分数を小数で表して，小数に揃えて計算します。

C：私は，小数・整数を分数で表して，分数に揃えて計算します。

C：$\frac{1}{2}$＝0.5だから，$0.25 \times 0.5 \div 2 = 0.0625$になります。

C：$0.25 = \frac{1}{4}$，$2 = \frac{2}{1}$だから，$\frac{1}{4} \times \frac{1}{2} \div \frac{2}{1} = \frac{1}{4} \times \frac{1}{2} \times \frac{1}{2} = \frac{1}{16}$

【小数に揃えて計算しようとすると，うまくいかないことを実感する場面】

T：□＝$\frac{1}{6}$として，$0.25 \times \frac{1}{6} \div 2$にしてみましょう。

C：さっきみたいに，分数を小数で表して，小数に揃えて計算しよう。

C：私もそうします。$\frac{1}{6} = 1 \div 6$だから…

C：あれ，$1 \div 6 = 0.16666$　このままずっと6が続いていきます。

C：本当だ。$0.25 \times 0.16666 \cdots \div 2$だと，うまく計算できないです。

T：さっきの方法を使って，小数に揃えて計算しようとしたけれど，どうやらうまくいかないみたいですね。

C：はい。$1 \div 6 = 0.16666$　というように，ずっと6が続いていきます。

C：$\frac{1}{2}$のように分数を小数で表すことができる場合と，$\frac{1}{6}$のように分数を小数で表すことができない場合があるみたいです。

C：私は，小数を分数で表して，分数に揃えて計算してみよう。

C：さっきもやったみたいに，$0.25 = \frac{1}{4}$，$2 = \frac{2}{1}$だから…

C：$\frac{1}{4} \times \frac{1}{6} \div \frac{2}{1} = \frac{1}{4} \times \frac{1}{6} \times \frac{1}{2} = \frac{1}{48}$になります。

C：今回も分数に揃えて計算することはできました。

T：分数や小数に揃えるというアイデアはとてもよいですね。でも，小数に揃えようとするとうまくいかないことがあるようですね。

【小数に置き換えることが難しい分数を考える場面】

T：$\frac{1}{6}$のように，小数で表そうとするとうまくできない分数は，他にもあるので

しょうか。

C：$\frac{1}{3}$ もだめです。1 ÷ 3 ＝0.33333…になってしまいます。

C：だったら $\frac{2}{3}$ もだめです。$\frac{2}{3}$ ＝0.666666…になってしまいます。

C：$\frac{1}{7}$ もだめです。1 ÷ 7 ＝0.14285714…で，ずっと続いていきます。

T：考えた分数を班で共有しましょう。

C：分母の数が 3 や 7 だと，うまくいかないことが多いと思います。

C：分母が 9 もだめだよ。

C：分母が 3 の倍数になっていたらほとんどうまくいかないんじゃないかな。

C：はじめから小数に直さなければいいと思います。

【「数の表現」を統合的に考察し，分数に揃えて計算することのよさを理解する場面】

C：うまくいかないことがあるなら，全部を分数に揃えてしまえばいいです。

C：分数に表せない小数はないから，分数に揃えればいいです。

C：約分があるけれど，小数を分数で表せば，どんなときも計算できます。

T：確かめてみましょう。□＝$\frac{1}{3}$ だったらどうですか？

C：$0.25 \times \frac{1}{3} \div 2 = \frac{1}{4} \times \frac{1}{3} \div \frac{2}{1} = \frac{1}{4} \times \frac{1}{3} \times \frac{1}{2} = \frac{1}{24}$

C：やっぱり分数に揃えて計算した方がよいです！

4　板書計画

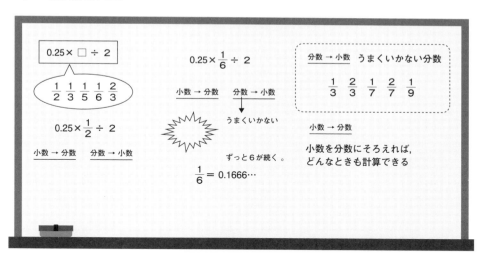

【参考文献】
片桐重男・古藤怜（1980）『新算数科指導法辞典』明治図書.
新算数教育研究会（2019）『改訂新版 講座 算数授業の新展開　第 6 学年』東洋館出版社.

【編著者】

西村 圭一（東京学芸大学大学院教育学研究科教授）

加固希支男（東京学芸大学附属小金井小学校教諭）

志田 倫明（新潟市立上所小学校教諭）

【執筆者一覧】（執筆順）

西村 圭一	第1章 論説
相原 琢磨（東京学芸大学数学講座准教授）	第1章 column
長瀬　潤（東京学芸大学数学講座准教授）	第1章 column
田中 英海（筑波大学附属小学校教諭）	第2章1〜3，5，8，19〜21
加固希支男	第2章4，6，7，12〜15, 25
石塚 正人（新潟大学附属新潟小学校教諭）	第2章9〜11, 16〜18, 32
志田 倫明	第2章22〜24, 26〜31

カスタマーレビュー募集

本書をお読みになった感想
を下記サイトにお寄せ下さ
い。レビューいただいた方
には特典がございます。

https://www.toyokan.co.jp/products/5290

算数教材研究　四則計算

2023（令和 5 ）年11月25日　初版第 1 刷発行

編著者：西村圭一・加固希支男・志田倫明
発行者：錦織圭之介
発行所：株式会社 東洋館出版社
　　　　〒101-0054 東京都千代田区神田錦町2丁目9番1号
　　　　コンフォール安田ビル2階
　　　　（代表）　電話 03-6778-4343　FAX 03-5281-8091
　　　　（営業部）電話 03-6778-7278　FAX 03-5281-8092
　　　　振　替　00180-7-96823
　　　　Ｕ Ｒ Ｌ　https://www.toyokan.co.jp

印刷・製本：藤原印刷株式会社
装　丁：水戸部功

ISBN978-4-491-05290-8／Printed in Japan